电子海图显示与信息系统

主编　兰海臣　张有为　熊海生

哈尔滨工程大学出版社
Harbin Engineering University Press

内容简介

本书将电子海图显示与信息系统(ECDIS)理论知识与使用实践有机融合。第一章介绍了电子海图的基本概念,常见的电子海图系统及海图数据,相关的执行标准。第二章介绍了 ECDIS 系统硬件部分及软件部分的组成。第三章介绍了系统使用数据的生成方式、显示要求以及相关的注意事项。第四章介绍了航线设计与航次计划功能。第五章介绍了航行监控及报警与指示功能。第六章介绍了设备对航行信息记录的功能。第七章介绍了过分依赖电子海图航行的风险。第八章以 MTI-E2000 电子海图显示与信息系统模拟器为例,介绍了 ECDIS 的操作与应用。

本书适于航海技术专业 ECDIS 课程的初学者使用,以及用于相关课程的理论及实践教学。

图书在版编目(CIP)数据

电子海图显示与信息系统/兰海臣,张有为,熊海生主编. —哈尔滨:哈尔滨工程大学出版社,2022.9
  ISBN 978-7-5661-3258-1

  Ⅰ.①电⋯ Ⅱ.①兰⋯②张⋯③熊⋯ Ⅲ.①电子海图-电子数据处理系统 Ⅳ.①U675.81

  中国版本图书馆 CIP 数据核字(2021)第 172591 号

电子海图显示与信息系统
DIANZI HAITU XIANSHI YU XINXI XITONG

选题策划	雷 霞
责任编辑	张 昕
封面设计	刘长友

出版发行	哈尔滨工程大学出版社
社 址	哈尔滨市南岗区南通大街 145 号
邮政编码	150001
发行电话	0451-82519328
传 真	0451-82519699
经 销	新华书店
印 刷	哈尔滨理想印刷有限公司
开 本	787 mm×1 092 mm 1/16
印 张	6.75
字 数	169 千字
版 次	2022 年 9 月第 1 版
印 次	2022 年 9 月第 1 次印刷
定 价	23.50 元

http://www.hrbeupress.com
E-mail:heupress@ hrbeu.edu.cn

序　言

　　本书根据中华人民共和国交通运输部海事局船员适任培训教材"用什么、教什么、考什么"的教材建设原则，以《中华人民共和国海船船员适任考试和发证规则》《海船船员培训大纲（2021版）》为依据，兼顾《高等职业学校航海技术专业教学标准》、船员适任培训实际需求与服务航海职业教育改革国家战略，结合航海职业教育改革要求和航海专业课程教学创新要求，以IMO model course1.27 ECDIS理论与实践课示范课程为蓝本编写而成。本书将电子海图显示与信息系统（electronic chart display and information system，ECDIS）理论知识与使用实践有机融合，进行了情境化处理，以"使用航海图书资料辅助船舶安全航行"这一"用"为中心，将"电子海图显示与信息系统"课程中需掌握的必备知识、相关知识以及使用方法进行整合、优化，将学生的学习场景与实际工作相结合，促进学生知识积累，使学生在循序渐进的实践应用中增加学习兴趣，最终提升实践能力。

　　本书在内容上力求使所阐述的知识点满足实际应用需求，实现航海职业教育知识体系与船员适任培训工作场景的融合，在结构设计上先进行知识阐述，而后以情境设计为导向，突出知识与实操的关联性。本书内容由电子海图显示与信息系统的概念引入，以数字画像方法讲述各类电子海图（electronic chart，EC）的特点与区别，进而与传统纸海图进行比对；而后介绍国际标准对ECDIS引入航海实践的规范，在系统科学的理论基础上结合航海工作实践，介绍系统结构与任务驱动下的功能实现，并总结了过度依赖电子海图可能存在的风险。

　　本书由江苏航运职业技术学院兰海臣、张有为和天津海运职业学院熊海生主编，由冯爱国主审，江苏航运职业技术学院芮乐军也参与了本书的编写工作。本书在编写过程中得到了中国航海学会、中国海事局、江苏航运职业技术学院与相关航运企事业单位的关心和支持，在此表示感谢。

　　由于编者水平有限，书中难免存在疏漏之处，恳请读者批评指正。

编　者

2022年7月

目　　录

第一章　概　　述

随着计算机技术和航海技术的不断发展,以数字形式表示的、描述海域地理信息和航海信息的电子海图以及各种电子海图应用系统产生了。它们的出现是海道测量领域和航海领域的一场技术革命,使海图研究、生产以及使用跨入了一个新的纪元,也促使航海自动化迈上新的台阶。

所谓电子海图,是在显示器上显示出海图信息和其他航海信息,因此也称为"屏幕海图"。电子海图及其附属设备组成了电子海图系统。

一、电子海图的分类

电子海图是指描述海域地理信息和航海信息的数字化海图产品。电子海图按照制作方法可分为光栅电子海图和矢量电子海图两大类。

1. 光栅电子海图

光栅电子海图(raster charts)是指以光栅形式表示的数字海图,是对纸海图进行一次性扫描,形成的单一数字信息文件;是以像素点的排列反映出海图中的要素,使用时依靠眼睛识别航海要素。因此光栅电子海图可以看作纸海图的复制品,如岸线、水深等信息与纸海图一一对应。光栅电子海图可与定位传感器(如全球定位系统(global position system, GPS))连接,但其制作原理就决定了它在技术上和应用上的局限性,使用者不能对光栅海图进行查询式操作(如查询某一海图要素特征,或隐去某类海图要素等)。

2. 矢量电子海图

矢量电子海图(vector charts)是指以矢量形式表示的数字海图。海域中的每个要素以点、线、面等几何图元的形式存储在电子海图数据文件中,具有存储量小、显示速度快、精度高、支持智能化航海等优点。因此矢量电子海图可查询任意图标的细节(如灯标位置、颜色、周期等),可根据需要选择不同层次的信息(如只显示小于 10 m 的水深点),并能设置警戒区、危险区的自动报警,还可以查询其他航海信息(如港口、潮汐、海流等)。有人称矢量电子海图为"智能化电子海图"。

二、电子海图应用系统

电子海图,无论是矢量电子海图还是光栅电子海图,都是将海上空间信息按照数据的方式进行组织和存储的数据文件,无法单独使用。电子海图需要与计算机、通导设备和应用系统软件等共同组成系统,从而实现信息显示、船位标绘、航线设计等一系列导航功能。

电子海图应用系统是接收并显示电子海图数据的软件或设备,电子海图应用系统的种类繁多,主要有电子海图显示与信息系统、电子海图系统(electronic chart system, ECS)和光栅海图显示系统(raster chart display system, RCDS)。

1. 电子海图应用系统简介

（1）电子海图显示与信息系统

电子海图显示与信息系统是指一种有足够备用配置，能视为符合经修正的 1974 年《国际海上人命安全公约》，即《SOLAS 公约》第 V 章第 19 条和第 V 章第 27 条要求的最新海图的航行信息系统，可有选择地显示系统电子航海图（system electronic navigation chart，SENC）信息以及航行信息来帮助航海人员计划航线和监控航线，可显示其他关于航行的信息。

（2）电子海图系统

电子海图系统是一种基于电子海图显示的信息系统，可以显示官方或非官方矢量电子海图或光栅电子海图数据库，也具有各种导航应用功能，但是它并不符合国际海事组织（International Maritime Organization，IMO）制定的电子海图显示与信息系统相关国际标准。中国海事局关于电子海图系统的相关规定，包括电子海图来源、系统功能、系统技术指标等要求，指的就是电子海图应用系统。

（3）光栅海图显示系统

光栅海图显示系统是一种航行信息系统，它把航行传感器的位置信息显示在无线网络控制器中，帮助航海人员计划航线和监控航线，如有要求，还可显示其他关于航行的信息。

2. 满足法规要求的航行信息系统

《SOLAS 公约》第 V 章中有关海图配备的要求：

第 19 条 船载导航系统和设备的配备要求：

所有船舶，不论其尺度大小，均应设有：

（1）海图和航海出版物，用于计划和显示船舶预定航程的航线以及标绘和监视整个航程的船位；电子海图显示与信息系统（ECDIS）可视为满足本节的海图配备要求。

（2）如果使用电子设备完成或部分完成航次所需的上述（1）中的功能要求，必须有满足功能要求的备用配置【一套合适的纸海图可作为 ECDIS 的备用配置；可接受 ECDIS 的其他备用配置见修正的 A.879(19) 决议的附件六】。

第 27 条 海图和航海出版物

海图和航海出版物，如航路指南、灯塔表、航海通告、潮汐表，以及预定航程所需的所有其他航海出版物均应充足并保持更新。

3. 三种电子海图应用系统之间的关系

光栅海图显示系统只能显示光栅电子海图，电子海图系统和电子海图显示与信息系统主要用于显示矢量电子海图。有些电子海图制造商生产的电子海图系统和电子海图显示与信息系统可同时显示光栅电子海图。由此可见，光栅海图显示系统不能等同于电子海图显示与信息系统，功能也不如电子海图显示与信息系统。

电子海图系统和电子海图显示与信息系统之间并没有明显的区分。就显示界面而言，一个性能完善的电子海图系统与电子海图显示与信息系统无本质区别。电子海图系统可以使用非官方、非数字化海道测量数据传输标准（IHO S-57）格式的海图数据库，而电子海图显示与信息系统使用的数据库必须是官方电子航海图（electronic navigational chart，ENC）。

从法律上讲，电子海图显示与信息系统可以完全取代纸海图，而电子海图系统则不能。电子海图显示与信息系统是能够满足 IMO 执行标准的系统。电子海图显示与信息系统设备及海图数据一定是符合由 IMO 和国际海道测量组织（International Hydrographic Organization，IHO）规定的技术要求，并符合《SOLAS 公约》第 V 章第 20 条要求的最新海图的等效物。而电子海图系统则是不符合电子海图显示与信息系统技术要求的电子海图，不会被 IMO 认可为纸海图等效物。所以只有电子海图显示与信息系统才能替代普通纸海图，电子海图系统必须结合普通纸海图使用。后面的章节将着重讨论电子海图显示与信息系统。

三、ECDIS 相关标准

现行的关于 ECDIS 的国际标准主要有 4 个：IMO ECDIS 性能标准；IHO S-52（IHO Specifications for Chart Content and Display Aspects of ECDIS），即 ECDIS 的海图内容和显示规范；IHO S-57（IHO Transfer Standard for Digital Hydrographic Data），即数字化海道测量数据传输标准；IHO S-63（IHO Data Protection Scheme），即数据保护方案；国际电工委员会（International Electro-technical Commission，IEC）的 IEC 61174，即 ECDIS 硬件设备性能和测试标准。

1. IMO ECDIS 性能标准

1995 年 11 月，IMO 第 19 届大会正式通过 A.817(19)决议"IMO ECDIS 性能标准"。在 2006 年 12 月通过了 MSC.232(82)决议，对标准进行了较全面的修订，使之成为现行的 IMO ECDIS 性能标准，通常称之为 IMO PS。MSC.232(82)决议建议各国政府确保：

（1）在 2009 年 1 月 1 日或以后安装的 ECDIS 设备，符合不低于本决议附件所规定的性能标准；

（2）2009 年 1 月 1 日以前安装的 ECDIS 设备，符合不低于经 MSC.64(67)决议和 MSC.86(70)决议修正的 A.817(19)决议附件所规定的性能标准。

该标准给出了 ECDIS 的定义、适用范围，提供和更新海图信息，操作和功能要求，比例尺、其他航行信息的显示，显示模式和邻近区域的生成、颜色和符号，显示要求，航线设计，航行监控和航行记录，计算和精度，性能试验，故障报警和指示，备用配置，与其他设备连接，电源等内容。

该标准包含 7 个附件：

附件一，制定标准时所参照的其他标准；

附件二，ECDIS 在航线设计和航行监控过程中可显示的海图信息分类；

附件三，ECDIS 中所使用的航行要素和参数的术语及其缩写；

附件四，ECDIS 在航线设计和航行监控过程中应自动检测到的特殊地理区域；

附件五，ECDIS 的报警与指示的形式和内容；

附件六，对 ECDIS 备用配置的要求；

附件七，RCDS 操作模式的相关要求。

2. IHO 关于 ECDIS 的相关标准

IHO 一直致力于有关海图与航海出版物规范、海图符号规格及其显示等方面的标准化工作。目前 IHO 制定的关于 ECDIS 的标准主要包括：IHO S-52、IHO S-57、IHO S-100（IHO 通用海道测绘数据模型）以及 IHO S-63。

（1）IHO S-52

IHO S-52 是 IHO 关于电子海图的内容和 ECDIS 显示方面的标准。IHO S-52 规范了

ECDIS 显示电子航海图信息的方式,包括颜色、符号样式、线型等一系列问题,从而保证了不同厂商生产的 ECDIS 显示海图信息的方式、基本海图功能都是一致的,以利于船员的识图和使用。

该标准有 3 个附件和 1 个附录:

附件 A,IHO ECDIS 表示库(presentation library);

附件 B,颜色显示初始校准程序;

附件 C,显示标准的维护程序;

附录 1,电子航海图更新指南。

(2)IHO S-57

IHO S-57 是 IHO 关于数字化水道测量数据即电子海图数据的传输标准。IHO S-57 描述了用于各国航道部门之间的数字化海道测量数据的交换以及向航海人员、ECDIS 的生产商发布这类数据的标准。该标准是具有法律效力的矢量形式电子航海图的数据交换和传输标准。该标准主要包括 3 部分以及 2 个附件:

第一部分,一般性介绍;

第二部分,理论数据模型;

第三部分,数据结构(电子航海图的数据格式);

附件 A,IHO 物标目录(物标分类和编码系统);

附件 B,产品规范(电子航海图产品规范、IHO 物标目录数据字典产品规范)。

(3)IHO S-100

IHO S-57 几乎是专门用于 ECDIS 的电子航海图编码,没有被地理信息系统(GIS)广泛接受,原因在于其内置的数据模型限制了更广泛的转换机制的性能,维护机制不灵活,标准长时间不能更新;结果导致其不支持未来发展的需求。为解决这些问题,进一步扩充 IHO S-57 的适用范围,IHO 经过多年研讨,开发了 IHO S-57 的新版本 IHO S-57 4.0,后来把 IHO S-57 4.0 命名为 IHO S-100。

IHO S-100 在数据的管理、处理、传输中遵照了地理信息系统标准,保证了 IHO S-100 及其扩展的开发与地理信息工业的发展保持一致。IHO S-100 的可扩展性使得海道测量机构的一些信息可以在 IHO S-100 框架下通过在 IHO S-100 注册系统中包含新的实体或扩展已有实体来完成建模,实现对多种多源海道测量数据、产品及用户的支持。IHO S-100 作为适时且具灵活性的标准必将使海道测量数据成为海上地理信息系统技术的主流,最终取代 IHO S-57 标准。

IHO S-100 主要由以下 11 部分组成。

第一部分:概念模式语言。本部分定义了概念模式语言(unified modeling language,UML),并规定将统一建模语言静态结构图与 IHO 使用的基本数据类型相结合,作为信息规范的概念模式语言。本部分对应 ISO 19103。

第二部分:地理空间信息注册表管理。本部分介绍了符合地理信息项目注册程序要求的注册系统,同时说明了要素概念字典注册表。本部分对应 ISO 19135 和 ISO 19136。

第三部分:通用要素模型和应用模式规则。本部分介绍了一个应用模式的规则和通用要素模型,同时也给出了信息类型的概念。本部分与 1SO 19109 对应。

第四部分:元数据。本部分给出了元数据类、元素和条件以及质量元数据的组合规则。本部分与 ISO 19115、ISO 19113、ISO 19114 和 ISO 19138 对应。

第五部分:要素目录。本部分定义了要素类型的编目方法,同时规定了怎样将不同类型的要素组织成一个要素目录,以及怎样将要素目录呈现给地理空间数据集的用户。本部分与 ISO 19110 对应。

第六部分:坐标参照系。本部分定义了坐标参照系的概念模式。本部分与 ISO 19111 对应。

第七部分:空间模式。本部分给出了描述和操作要素空间特征需要的信息,与 IHO S-57 的向量模型不同,空间模式的几何模型是通过 UML 建立的。本部分与 ISO 19107 对应。

第八部分:影像和栅格数据。本部分给出了与海道测量相关的影像和栅格数据模型。本部分与 ISO 19123、ISO 19129 对应。

第九部分:编码格式。本部分介绍了编码格式示例,并且给出了 ISO/IEC 8211 编码模式。本部分与 ISO/IEC 8211:1994 对应。

第十部分:产品规范。本部分阐释了数据产品规范,表达了一个特定数据产品需要的全部元素,依据 ISO 19131,相关机构可以制定符合自身需求的产品规范。

第十一部分:数据维护。本部分论述了维护和发布 IHO S-100 各个部分的维护程序。

(4)IHO S-63

IHO S-63 是 IHO 关于数据保护方案的标准。IHO S-63 标准主要用于规范电子海图数据的分发与服务,包括防盗版、防伪造、选择性存取、数据制作者一致性和原始设备制造商(OEM)一致性等条款,是安全结构与操作规程的推荐性标准,使用对象为数据发行机构(如国家海道测量部门)、ECDIS/ECS 设备制造厂商和最终用户。

(5)IHO 其他标准

除上述标准外,IHO 还制定通过了其他与电子海图数据或应用系统有关的标准。

IHO S-58《ENC 有效性检验推荐推标准》(Recommended ENC Validation Checks):ENC 生产中质量控制的参考标准,现行版为 2011 年 2 月 4.2.0 版。

IHO S-60《WGS-84 坐标变换用户手册》(User's Handbook on Datum Transformations Involving WGS-84):介绍了各坐标系转换到 WGS-84 坐标系的修正值和公式,现行版为 2003 年 7 月第 3 版,2008 年 8 月进行了修正。

IHO S-61《光栅航海图产品规范》(Product Specifications for Raster Navigational Charts):是 RNC 制作的主要标准,现行版为 1999 年 1 月第 1 版。

IHO S-62《ENC 生产商代码》(ENC Producer Codes):给出了全球官方的 ENC 生产商,现行版为 2009 年 12 月第 2.5 版。

IHO S-64《IHO ECDIS 测试数据集》(IHO Test Data Sets ECDIS):用于 ECDIS 测试,现行版为 2008 年 12 月第 1.1 版。

IHO S-65《ENC 生产指导》(ENC Production Guidance):用于 ENC 生产,现行版为 2009 年 10 月第 1.2 版。

IHO S-66《电子海图及配备要求》(Facts about Electronic Charts and Carriage Requirements):介绍了关于电子海图的基本配备要求,现行版为 2010 年 1 月第 1.0.0 版。

3. 国际电工委员会关于 ECDIS 的 IEC 61174 标准

IEC 61174《海上导航和无线电通信设备及系统——电子海图显示与信息系统(ECDIS)操作和性能要求,测试方法和要求》,现行标准为 2008 年 9 月发布的第 3.0 版。该标准描述了 ECDIS 的性能测试方法和要求的测试结果。任何厂家生产的 ECDIS 系统必须按该标准经严格测试并达到标准要求的结果,才能被官方认可投入市场。通过该标准测试的 ECDIS 是合法地成为船用设备的基础,符合该标准的类型认可后,才可合法地成为船用设备。

综上所述,ECDIS 的功能要满足 IMO ECDIS 性能标准的要求,所使用的海图信息应是由官方海道测量部门提供的符合 IHO S-57 标准的经过改正后最新的信息,ECDIS 中电子海图的具体内容、显示方式、颜色和符号的使用等要符合 IHO S-52 规范,电子海图的信息保护标准要符合 IHO S-63 规范,ECDIS 的硬件设备要通过 IEC 61174 的性能测试。

第二章　电子海图显示与信息系统组成

一、系统硬件组成

ECDIS 实质上是一个具有内、外部接口,且符合 IHO S-52 标准要求的高性能的船用计算机系统。系统的中心是高速中央处理器和大容量的内部和外部存储器。外部存储器存储容量应保证能够容纳整个 ENC、ENC 更新数据以及所生成的 SENC。

中央处理器、内存和显存容量应保证显示一幅电子海图所需时间不超过 5 s。事实上,随着计算机硬件技术的迅速发展,对于 SENC 的合理设计,完全可以做到 1 s 内完成一幅电子海图的显示。

图形显示器用于显示电子海图,其尺寸、颜色和分辨率应符合 IHO S-52 的最低要求,即有效画面最小尺寸应为 350 mm×270 mm,颜色不少于 64 种,像素尺寸小于 0.3 mm。

文本显示器用于显示航行警告、航路指南、航标表等航海咨询信息,其尺寸应不小于 14 英寸,支持 24×80 字符显示。事实上,当前的 ECDIS 大多采用在图形显示器上以开窗方式显示相关的文本信息。

内部接口应包括图形卡、语音卡、硬盘和光盘控制卡等。以光盘或软盘为载体的 ENC 及其改正数据,以及用于测试 ECDIS 性能的测试数据集可通过内部接口直接录入硬盘,船舶驾驶员在电子海图上所进行的一些手工标绘、注记,以及电子海图的人工改正数据的输入等可通过键盘和鼠标实现。同扬声器相连接的声卡,用以实现语音报警。

利用打印机可实现电子海图和航行状态的硬拷贝,以便事后分析。航行记录信息可传入航行数据记录仪(voyage data recorder, VDR)。VDR 按国际海事组织的要求记录航行数据。

外部接口可以从外部传感器接收信息(包括 GPS、罗经、雷达、自动识别系统(automatic identification system, AIS)、计程仪、测深仪、风速风向仪、自动舵等设备的信息),并向主机发送这些信息。通过船用通信设备接收 ENC 的改正数据,实现电子海图的更新,而且还可接收其他诸如气象预报数据等信息。

二、系统软件组成

ECDIS 软件是 ECDIS 系统的核心,该软件需要包括以下基本功能模块。

1. 海图信息处理模块

该模块包括由 ENC 向 SENC 转换的软件、电子海图自动和手工更新软件、海图符号库的管理软件、航海咨询信息的管理软件、电子海图库的管理软件、海图要素分类及编码系统的管理软件、用户数据的管理软件等。

2. 电子海图显示系统模块

该模块包括电子海图合成软件(给定显示区域、比例尺和投影方式,搜索合适的海图数据,并进行投影和裁剪计算,生成图形文件)、电子海图显示软件(根据图形文件调用符号库,在屏幕上绘制海图)、电子海图上要素的搜索软件、航海咨询信息的显示软件。

3. 计划航线设计模块

该模块用于在电子海图上手工绘制和修改计划航线、计划航线有效性检查、管理经验(推荐)航线库、生成航行计划列表(每段航线的距离、航速、航向、航行时间等)。

4. 传感器接口模块

该模块包括与外部设备(如 GPS、雷达、AIS、罗经、计程仪、测深仪、风速风向仪、卫星船站、自动舵等)的接口软件,以及从这些传感器所读取的信息调度和综合处理软件。

5. 航线监控模块

该模块用于计算船舶偏离计划航线的距离、检测航行前方的危险物和浅水域、危险指示和报警等。

6. 航行数据记录模块

该模块用于记录船舶航行过程中所使用的海图的详细信息以及航行要素,具有类似"黑匣子"的功能。

7. 航海问题的求解模块

该模块可实现船位推算、恒向线和大圆航法计算、距离和方位计算、陆标定位计算、大地问题正反解计算、不同大地坐标系之间的换算、船舶避碰要素,如最近会遇距离(closest point of approach,CPA)和最小会遇时间(time to the closest point of approach,TCPA)计算等。

第三章 系统数据与显示

ENC 及其改正信息的数据格式是 IHO S-57 格式,它是电子海图系统的核心。建立各国数字化海道测量数据的交换和传输标准是实现数据共享的必要手段。

一、数据模型与结构

1.数据模型

IHO S-57 标准用于描述真实世界数据的传输。由于真实世界复杂且难以完全描述,因此必须使用简单专业化的观察方法,并用模型来描述。该模型将真实世界实体定义为描述特征和空间特征的组合,在模型中这些属性集定义为空间物标(spatial objects)和特征物标(feature objects),具体类型如图 3-1 所示。

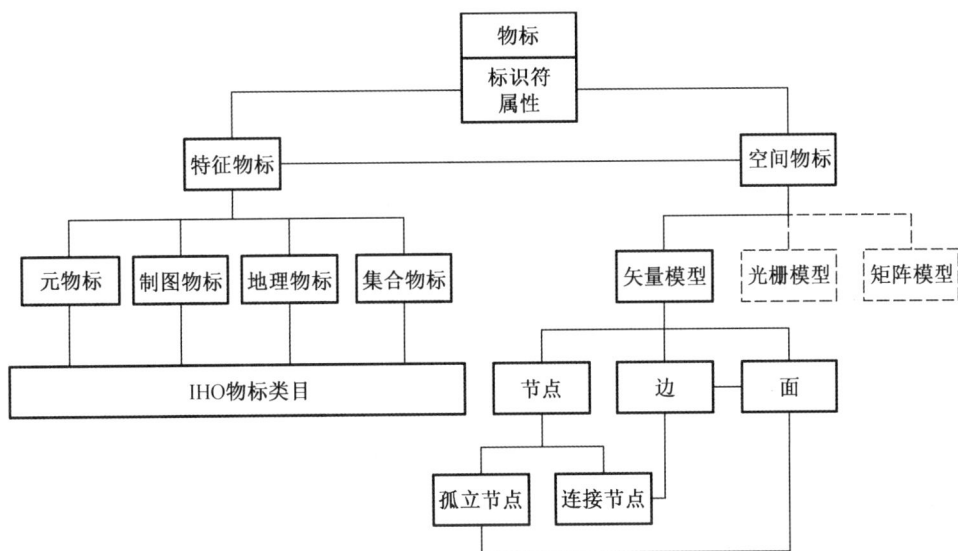

图 3-1 数据模型类型图

(1)空间物标

空间物标描述实体的空间位置属性,由点、边界和面的坐标及其相互关系构成。IHO S-57 数据模型将这些表示限于矢量、光栅和矩阵。目前,IHO S-57 并未对光栅模型和矩阵模型做出具体定义,因此目前空间物标均用矢量模型来表示。IHO S-57 采用了二维平面观察法来简化模型,因此矢量类空间物标可能是零维、一维或二维,分别对应节点、边和面,其中节点又分为孤立节点和连接节点,这 3 个维数据可以表示为物标的属性。

在矢量模型中,空间物标构成了如下关系:

①孤立节点——离散节点——最小单位;

②连接节点——起始点或终止点;

③边——面之间的相交(由点组成);

④面——包含了许多边或许多点。

这些关系可用来描述如下四个拓扑级:

①无拓扑。无拓扑是一组孤立节点和边,点之间有可能无相关性。

②链节点。链节点是一组点或由多个点组成的边。其中,每条边必须以一个连接节点作为其始点和终点(可以是同一点),被参照点的几何性可以共用矢量物标。点表示被编码成节点(孤立的或连接的);线表示被编码成边和连接节点序列。

③平面图。平面图是一组节点和多条边构成的边,链节点组成的边不能相交,可以共用矢量物标,相邻的面要共用形成这些面的边界。

④完全拓扑。完全拓扑是指一组节点、边和面,一个具有特定表面的平面图,整体可以划分为多个面。孤立节点可以参照包含它的面,而边则必须参照其左右两侧的面。点表示被编码成节点(孤立的或连接的,包含孤立节点);线表示被编码成边和连接节点序列、由面相交而构成的边;面表示被编码成界面。

(2)特征物标

特征物标用于描述实体的种类、性质和特征等属性信息。特征对象以空间对象的存在为前提,借用空间坐标表达位置。数据模型定义了4类特征物标。

①元物标(meta)。它包含物标共有信息的特征,包括13种:数据精度、数据编辑比例尺、覆盖范围、数据水平基准面、水平基准面变换参数、航海出版物信息、航海标志、产品信息、数据质量、水深基准面、测量可靠性、数据度量单位、数据垂直基准面。

②制图物标(cartographic)。它包含真实世界实体制图(包括文字)表示的特征,包括5种:制图区、制图线、制图符号、罗经圈、文本。

③地理物标(geo)。它包含真实世界实体描述特征,共包括160种,如锚位、方位立标、桥梁、海岸线、航道、障碍物、潮流表数据、植被、沉船等。

④集合物标(collection)。它描述其他物标间关系的特征物标,包括3种:集合、关联、上下关系。

这些特征物标的子类在IHO S-57附录A中做出了明确定义,在此不做详细说明。

特征物标类的一个实例可以归结为一个特征物标(如一个特定的灯标、沉船或建筑区),可以赋给它一系列属性并对这些属性赋值,进行精确描述。因此在IHO S-57数据模型中,每一物标都定义有一组相关属性集,并分为以下3个子集:

属性A,该子集中的属性定义某个物标的个体特性;

属性B,该子集中的属性提供有关使用的信息,例如与显示相关或信息系统相关的信息;

属性C,该子集中的属性提供有关物标的管理信息及描述数据。

属性A、属性B和属性C,分别对应基本属性、辅助属性和其他属性。属性又分为6种类型:E——枚举型、L——列表(多选)型、F——浮点型、I——整数型、A——编码(格式)字符串型、S——任意字符型。

IHO S-57在附录A中共规定了191种物标属性,其中特征物标属性183个,国家语言属性5个,空间物标和元物标属性3个。这样,IHO S-57仅用181个物标和191个属性就把图式中近1 000种符号所代表的地理实体定义清楚,利用一个物标类组合不同的属性值,代表图式中的一个符号或图中的一个物标。

综上所述,具体存在(如一个信标)或是规定存在(如锚地)的实体,在数据模型中可以划分为有限的一些类别,如灯标、沉船、建筑物区等。因此,将有限的真实世界实体划分为相应的类别并进行适当的描述,就构成了 IHO S-57 物标目录。对于一个特定的真实世界实体,可通过描述适当的特征类、属性和属性值来编码。例如,一个红色侧面标可以编码为"物标类=侧面浮标;属性=彩色;属性值=红色"。

2. 数据结构

以上介绍的数据模型、物标定义等,构成了电子海图数据结构的基础,进一步需要将数据模型变换到能够识别的数据结构。

由此可见,由数据理论模型到 IHO S-57 数据结构的转换过程中隐含了从模型中提取的逻辑结构与数据结构中所使用的物理结构之间的链接关系。

每个物标可以结构化成一条记录,它由组成该记录的若干字段和子字段构成。而一个信息交换中可能包含多个物标,因而一个交换就会包含不止一条记录。把记录分组到不同的文件中构成一个数据集合,最终用来进行交换的那组信息就称为交换集(IHO S-57 产品规范)。这些交换集能在各个计算机系统间交换使用,对这些记录进行封装处理,就可设计出在内容、结构和格式上统一标准的数据。

二、ENC 的生成

1. ENC 的生成

ENC 是一个内容、结构和格式均已标准化的数据库,这个数据库由官方授权的权威海道测量部门制作发行,供 ECDIS 使用。ENC 的生成过程如图 3-2 所示。

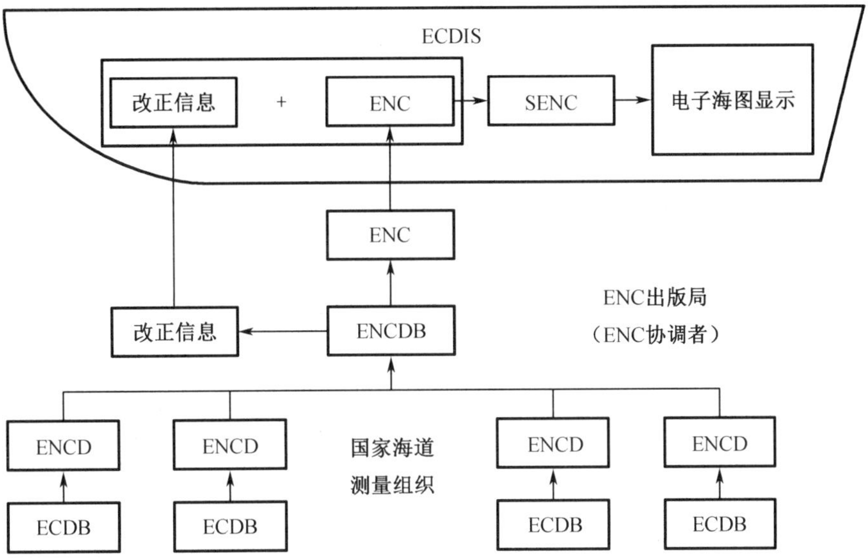

图 3-2 ENC 的生成过程

电子航海图数据(electronic navigational chart data,ENCD)系指国家海道测量组织提供的制作 ENC 的数据。ENC 出版局可视为某地区的多个国家海道测量组织的代理,负责 ENC 及其改正信息的制作和发布。

电子航海图数据库(electronic navigational chart data base,ENCDB)系指生产和维护 ENC 的基础数据库,由国家海道测量组织提供的电子航海图数据编制而成。ENC 是 ENCDB 的一个子集。

电子海图数据库(electronic chart data base,ECDB)系指提供电子航海图数据的基础数据库,由国家海道测量组织采用数字形式建立,包含海图信息以及其他航海信息和航道测量信息。

电子航海图是采用矢量化的方式制作的。将海图上的等高线、岸线、水深点、灯标、障碍物、分道通航区等海图信息进行矢量化即得到它们的经纬度,并与它们的属性分门别类地存储在计算机数据库中,整个世界的海区信息不重叠。

众所周知,纸海图是以张为计量单位的,而 ENC 数据是以单元(cell)为计量单位的。所谓单元是指某地理区域的 ENC 数据分发的基本单位。每个 ENC 单元的数据都要单独存储,而且有唯一的单元名(文件名),数据文件大小不超过 5 MB。单元名以 8 位字母和数字命名表示,如 FR501050.000。其中前 2 位字母表示生产商,如 FR 表示法国、CN 表示中国、GB 表示英国,具体的生产商编码列表可以参见 IHO S-62;第 3 位数字(范围为 1~6)表示按比例尺划分的不同航行用途,参见表 3-1;最后 5 位数字为图号,是各海图单元的唯一识别码,如果不用数字字符,则只能用大写字母。000 是数据文件后缀,小改正更新数据的文件是 FR501050.nnn,其含义与基础数据文件名的意义相同,但后缀根据小改正更新次数进行编号,最大可达到 999 次,这些号码一定不能省略且按顺序使用,如第 10 次小改正更新,其文件名是 FR501050.010。

表 3-1　海图类型和比例尺范围

编码	航行目的	海图类型	比例尺
1	概览(overview)	总图	<1:1 499 999
2	大洋航行(general)	远洋航行图	1:350 000~1:1 499 999
3	沿海航行(coastal)	近海航行图	1:90 000~1:349 999
4	近海航行(approach)	沿岸航行图	1:22 000~1:89 999
5	港内航行(harbour)	港湾图	1:4 000~1:21 999
6	靠离码头(berthing)	泊位图	>1:4 000

需要注意的是,对于电子海图而言,比例尺分为编辑比例尺(compilation scale)和显示比例尺(display scale)。编辑比例尺是指为满足 IHO 关于海图精度的要求而由相关海道测量组织在数据最初编辑阶段建立的比例尺,也称为原始比例尺。表 3-1 所示比例尺即为编辑比例尺。显示比例尺为两点间的显示距离与其实际距离的比值。由此可见,对于某一单元海图而言,原始比例尺是定值,而显示比例尺是可以改变的。

2. 数据检验

为了保证标准数据模型中的所有目标均被正确处理,确保成功产生符合标准的数据,需要对国际标准海图数据的质量进行检核。在 IHO S-57 数据正式交付使用之前,其制造者必须对其数据进行检核和校正。IHO 发布了 ENC 有效性检验的推荐标准 IHO S-58。

IHO S-58 对 ENC 检核的科目分为 5 类：IHO S-57 数据结构的检查；ENC 产品规范的检查；ECDIS 的检查；ENC 物标类目使用的检查；特殊物标类允许使用的属性检查。

3. 数据加密

ENC 在交换和传输过程中的安全性和完整性涉及版权和航行安全，是数据提供商和数据用户共同关注的问题。因此，为了防止传输中 ENC 被损坏、修改和非法复制，建立一套有效的 ENC 数据保护方案非常必要。

IHO S-63 是一种数据加密方式，其采用动态的 CELLKEY，每次发布更新文件都采用新的 CELLKEY，大大加强了数据的安全性。不法分子在破解原来的 IHO S-63 数据后，仍然无法使用最新的数据。IHO S-63 加密方式可以保护数据的安全，保护正版用户的利益。

三、ENC 的内容

ENC 最少应包含现有纸海图上所描述的与航海有关的全部信息。ENC 中的信息使用 IHO S-57 中给出的编码方法和数据格式来描述。ENC 产品应符合《ENC 产品规范》的要求。在电子海图上，当用户将游标定位到自己感兴趣的要素上并点击之后，ECDIS 应将该要素的全部描述信息（包括地理坐标及特征）提供给用户。某些单独出版的航海资料（如航路指南、航标表等）中所包含的文本类信息也可编入 ENC。

因此，ENC 的内容至少应包含以下因素：

①控制点、高程点、陆地方位物；

②海岸、岛屿；

③陆地地貌、水系、道路、境界、桥梁、涵闸、管线；

④居民地；

⑤港口设施、近海设施；

⑥干出滩；

⑦水深、等深线、底质；

⑧航行障碍物；

⑨助航设施；

⑩航道、锚地、各种海区界线；

⑪海流与潮汐；

⑫对景图、观景点、磁差；

⑬各种地名、专有名称标记、说明标记；

⑭地理坐标网及标记、图解比例尺。

一些纸海图所特有的信息，如图廓注记、罗经花、资料索引图等不含在 ENC 内。当然，航海人员在特定的航行条件下可能不需要显示 ENC 的全部信息，ECDIS 应提供有选择地显示海图信息的功能。

四、数据显示

1. 显示信息分类

电子屏幕尺寸的局限性、信息的多样性、电子海图显示比例尺放大与缩小显示控制等，使得显示在电子屏幕上的信息可能会出现杂乱无章、无法辨别的状况。因此，表示库对电子海图信息的显示进行了3种分类层次的控制,在 ECDIS 中称为分层显示,以方便船员对海图信息进行筛选查看,这样可以在保证航行安全的基础上保持显示界面的友好。IMO ECDIS 性能标准规定 ECDIS 应能显示所有 SENC 信息,并将在航线设计和航行监控时显示的 SENC 信息分为3种类型:基础显示(display base)、标准显示(standard display)和所有其他信息(all other information)。

(1)基础显示

基础显示显示不能从显示界面中消除的海图内容,它由任何时候、任何地域、任何条件下均必需的信息构成。基础显示并非足以保证安全航行的信息,具体包括:

①海岸线(高潮水位);

②本船的安全等深线;

③安全等深线所定义的安全水域内的水下孤立危险物,其水下深度小于安全等深线;

④安全等深线所定义的安全水域内的孤立危险物,如固定结构和架空电缆等;

⑤比例尺、范围、指北符号;

⑥深度和高程单位;

⑦显示模式。

(2)标准显示

标准显示是指在进行航线设计和航路监控时至少应使用的显示模式,具体包括:

①基础显示信息;

②干出线;

③浮标、立标、其他助航标志及固定结构;

④航道、海峡等的边界;

⑤视觉和雷达显著物标;

⑥禁航区和限制区域;

⑦海图比例尺边界;

⑧警告注记的指示;

⑨船舶定线系统和渡船航线;

⑩群岛海上航路。

(3)所有其他信息

这类信息默认不显示,船员根据需要可控制显示或不显示的信息,例如:

①水深点;

②海底电缆和管线;

③所有孤立危险物的详细信息;

④助航标志的详细信息;

⑤警告标记的内容;

⑥ENC 版本日期;

⑦最近更新海图图号;

⑧测量基准面;

⑨磁差;

⑩经纬线图网;

⑪地名。

2. 数据分层与显示优先级

ECDSI 处理的全部数据,包括海图信息、雷达信息和其他传感器的数据按照 IHO S-52 进行数据分层与显示优先级管理。IHO S-52 规定,ECDIS 应将处理的数据至少分成 10 级 (1 级内可以分为多层信息,1 层内可分为多种要素),分级信息如下:

①ECDIS 视觉警告/指示(如坐标系、深度基准面异常警告、显示比例尺大于或小于 ENC 原始比例尺的警告);

②海道测量组织(Hydrographic Organization,HO)数据,点、线、面和自动航海通告(官方改正);

③手工输入的航海通告和无线电航海警告;

④ENC 警告(海图上的警告和注意信息);

⑤HO 的颜色填充区域数据;

⑥HO 提供的,根据用户要求显示的数据;

⑦雷达信息;

⑧用户数据,点、线、面;

⑨ECDIS 制造商的数据,点、线、面;

⑩用户的颜色填充区域数据。

在显示过程中,当发生信息空间重复时,要优先保证级别高的信息能够清晰、完全地显示,级别排列靠后的信息不能覆盖其前级信息。雷达信息应具有显示/关闭控制开关。

五、SENC

SENC 是 ECDIS 内部的一个数据库。为了恰当使用 ENC,ECDIS 将 SENC 进行格式转换,同时通过恰当方法改正 ENC,并由航海人员注入其他航线信息,包括航线设计使用的点、线和区域以及 ECDIS 图库中的任何符号和文本注记信息。SENC 供 ECDIS 显示、存取以及完成其他航海功能,且是 ECDIS 的一个组成部分,它还包含来自其他信息源的信息。SENC 是 ECDIS 中直接读取和显示的数据库,它是由 ECDIS 对 ENC 进行格式转换而得到的,目的是快速显示 ENC。SENC 中包括 ENC 的所有信息,还可包括 ENC 的改正信息。

六、数据可信程度与更新

1. 数据可信程度

ECDIS 的可靠性建立在数据的质量上,数据的质量依赖于数据测量的精确性、数据制作的精确性、数据覆盖范围、数据是否完整以及是否更新、数据坐标系等。ENC 数据可信程度与原始数据的提供者、ENC 发行机构和分发机构、ECDIS 制造商和用户有关。

(1)原始数据提供者——水道测量局

①水道测量局所提供的 ENC 数据更新信息应使发行机构能清晰地辨认出该条信息中所反映的变化,能适用于所有比例尺和各种航海需要。

②涉及 ENC 改正信息准备与分发的所有部门,均应保证改正信息从发布无线电航海警告到发布航海通告的时间间隔不超过 42 天。现有的数字化技术和电信技术完全有可能使这一时间间隔大大缩短。

③各水道测量局应建立适当的质量管理机制,以保证 ENC 更新信息的生产、管理和

分发。

④鉴于越来越多的海员将非水道测量机构提供的数据,如海岸无线电警告、地方性航海通告、船运通告等一些可能与 ECDIS 相关的信息也输入 ECDIS 中,提供这些信息的机构应尽可能增加方便手工输入的附加信息,以减轻海员工作量。

(2)权威发行机构——地区性电子航海图协调中心

①ENC 权威发行机构应建立适当的质量管理机制,以保证 ENC 更新信息的生产、管理和分发。

②为了支持能通过硬媒介进行半自动更新,权威发行机构应定期分发 ENC 更新信息,分发数量应满足航行安全需要;最佳的更新服务方式是通过 Inmarsat-C 安全网络定期发布更新信息,进行 ENC 的海上全自动更新。海员通过高速电信网络从权威发行机构直接获取 ENC 更新信息,其他更新服务方式有待进一步研究。

③按 IHO S-57 附件 B《ENC 产品规范》中所设计的误差检测方案进行数据完整性检查。

④官方 ENC 更新信息应符合 IHO S-57 之 ECDIS 修订(ER)填充规范。

⑤ENC 更新信息中所反映的变化应能在 ECDIS 显示器上被清晰地辨认。

⑥每一条更新信息必须能根据 IHO S-57 的产品规范要求被清楚和没有歧义地识别。

⑦ENC 新版本发布前,应在新版本生效 8 周前公告,在生效 4 周前分发。生效后,旧版本废除,不再发布旧版本的更新信息。

(3)分发机构

①分发机构由权威发行机构收到更新信息起,至将更新信息分发到船,其时间间隔应足以支持安全航行。

②分发机构应该建立适当的质量管理机制,以保证 ENC 更新信息的分发。

(4)ECDIS 用户

①海员使用电子海图时有责任使 SENC 保持最新。

②只有负责船用 ENC 的权威发行机构发布的数字化格式官方 ENC 更新信息才能被综合进 SENC。其他来自航海通告、无线电航海警告、船员注释等的一切更新信息或者航海安全信息只能作为附加信息采用手动方式进行改正。

③手动改正只是临时性手段,应该尽快由官方 ENC 更新信息来取代手动改正信息。

2. ENC 的改正与更新

确保 ECDIS 中航海信息的准确性,及时地更新 ENC,是保证航行安全的前提,也是 IMO ECDIS 性能标准的基本要求。ENC 改正的信息源有两个:正式改正数据和人工改正数据。

正式改正数据是由官方 ENC 制作部门提供的数字形式的海图改正数据。在船舶航行时,这类数据可通过卫星通信线路直接传送到船上。船舶在港时,正式改正数据能够以软盘、光盘等为载体提供给船舶,由航海人员进行一些简单的操作,实现海图改正。正式改正数据可以是 ENC 的再版、局部单元的替换或者是数字形式的航海通告,它必须以标准格式 IHO S-57 来存储和传输。ECDIS 的自动改正模块将这种标准格式转换为改正数据库中的文件格式。

人工改正方式下,操作人员在 ECDIS 人工改正模块所提供的人机界面,将从纸质航海通告或无线电航行警告中提取的改正数据,录入 ENC 改正数据库。

数据更新主要有两种方式:自动更新和人工改正。

（1）自动更新

ECDIS通过已经建立的通信链路，或者通过载有更新数据的实体介质，实现更新数据的获取、验证、接收、存储，自动完成电子海图的数据更新，并将更新数据融合到SENC中。更新的数据在显示方面，与ENC数据没有区别。数据自动更新的途径按目前的技术状况可分为：

①全自动更新。全自动更新不需要任何人员介入即可使更新信息从分发人处直接传入ECDIS。可以通过广播或者Internet完成传送。在确认或接收过程完毕后，ECDIS即可自动处理更新信息，并传送给SENC。

②半自动更新。半自动更新需要人员介入才能够在传输媒介和ECDIS之间建立连通渠道（例如插入更新磁盘或者建立电话通信线路）的更新方法。在确认或接收过程完毕后，ECDIS即可自动处理更新信息并传送给SENC。

（2）人工改正

人工改正，由操作人员手动将信息键入ECDIS。为使ECDIS能够接受人工改正数据，更新信息必须以某种合理的结构输入，其结构至少应与有关的ECDIS标准相符，并能够区别显示。

人工改正信息应该仅仅被看作临时性手段，这种信息应该尽早被权威发行机构颁布的ENC更新信息所取代。

事实上，对ENC进行人工改正是一项烦琐而责任性强、容不得出错的重要工作（IMO要求ECDIS对改正过程进行记录，包括改正时间），因此，采用自动方式向船舶传送正式的改正数据应成为ECDIS的主要工作方式。

七、海图数据质量信息

海图数据质量信息通过两个元物标的属性来实现，对于测深数据，通过数据质量（MQUAL）元物标的数据置信度区类（CATZOC）属性（A1、A2、B、C、D、U置信度区）来表达。

其中A1置信度区表示位置精度5 m，深度精度0.5+1%d（d为水深，下同），区域经过探测，所有显著海图地形被探测并被深度测量过。A2置信度区表示位置精度20 m，深度精度1.0+2%d；B置信度区表示位置精度50 m，深度精度1.0+2%d；C置信度区表示位置精度500 m，深度精度2.0+5%d；D置信度区则比C更差；而U置信度区则表示测深数据质量未评定。各置信度区图式如图3-3所示。

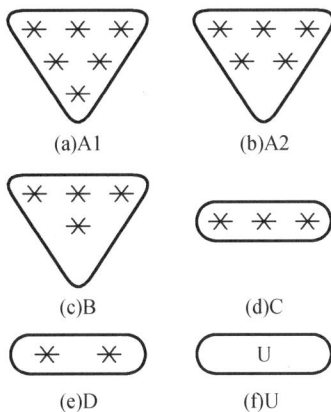

图3-3　置信度区图式

第四章　航线设计与航次计划

一、参数设置

在航行过程中,ECDIS 根据船员的报警参数设置、选择的监视航线等,进行规定的报警计算和提示,需要设置的监控内容主要包括安全参数和报警参数两种。

1. 安全参数

本船的安全参数除用在前面介绍过的控制海图显示样式(如双色水深区、四色水深区、水深强调显示等)外,还可用在对航线进行有效性检测、航行监控的安全计算与报警提示中。

安全参数主要包括:

①定位设备配置,指主定位设备、辅定位设备的连接,如选择连接主 GPS、辅 GPS 或采用推算船位(dead reckoning,DR)等。

②安全水深,航海人员可以根据本船实际情况设定,缺省为 30 m。

③安全等深线,航海人员可以根据本船实际情况设定,缺省为 30 m。

④安全距离,用于判断碰撞、搁浅危险。

⑤安全高度,用于判断通过桥梁或架空电缆等的安全。

⑥警戒矢量,在本船处显示类似雷达的警戒扇面线,用以判断船舶是否有进入危险区域或穿越安全等深线的可能。

⑦警戒圈,以本船为中心、以安全距离为半径的圆。

2. 报警参数

除海图显示相关的报警信息是系统自动进行判断的以外,ECDIS 的报警提示是通过船员对报警参数值的设置以及报警开关的控制进行运算判断实现的。这些报警参数的设置可能分布在航线设计、本船参数、系统参数、航行监控各个功能中。报警参数主要包括:

①开关报警,通过控制打开或关闭来决定是否进行报警,如声音。

②量值报警,通过设置报警具体的量值界限来决定是否进行报警运算,一般以"0"值表示不报警,以"非 0"值表示报警极限量。如 CPA/TCPA、穿越限制区、转向点提前报警、碰撞、穿越安全等深线、锚位检测、偏航报警距离(XTD)等。

③自动报警,设备故障、海图有效性。

二、航线设计

1. 航线设计方法

ECDIS 中,可以创建新航线,也可以在已有航线的基础上生成新的航线。

(1)航线参数

航线参数是构成航线自身以及进行航线跟踪报警所使用的相关量值。

①航线基本参数。航线主要由转向点和航段组成。转向点是航线的基本内容,只要确定(输入)了转向点,ECDIS 就会自动将航线标绘在电子海图上,并自动计算出各航段航程和航向、总航程。各航段可以是恒向线,也可以是大圆航线。

②航线监控报警参数。航线监控报警参数主要包括偏航报警距离、偏向角度、转舵半径、最大航速等,用于航行过程中对转向点或航段的监控报警或显示控制。ECDIS 通常将这些参数定义为通用参数,可以在航线通用参数设置中进行设置,在航线设计时缺省地引用这些量值,若有必要也可以进行特殊修改。

(2)航线编辑

航线编辑可以采用图形编辑和表格编辑两种方式。前者是利用鼠标直接在海图界面上快捷地添加、删除、移动转向点,确定基本航线参数;后者则是通过传统的表格方式利用转向点的相关操作以及其他航线参数的准确设定来对航线进行全新的编辑。两种编辑方式能够同时在显示屏上关联显示,方便编辑操作,当用鼠标在海图界面上点选转向点时,表格也相应地滚动到该转向点所在的行,反之亦然。因此,在实际应用中,要充分利用图形编辑的快捷直观和表格编辑的详尽特点,完成航线的编辑。

一般情况下,航线编辑主要涉及以下几个方面:

①设置通用参数:在航线设计之前,应对航线通用参数进行检查,确定是否符合航次要求,以避免在完成航线设计后由于不合适的参数引用而带来的修改麻烦。

②添加转向点:可在航线设计过程中逐个添加转向点,也可在当前的转向点前或转向点后插入转向点。

③移动转向点:可以修改转向点的数值,以矫正错误的转向点。一般可以在航线表中重新输入某一转向点的经纬度或利用鼠标或滚球直接拖动所选转向点。

④删除转向点:删除设计错误或不需要的转向点至新位置。

⑤修改航线参数:考虑到不同航段本身的差异(如转向幅度不同)和航行环境的差异(如可航水域的限制等),对航线的所有航段均采用相同的参数是不合适的,这就要求根据具体情况对有关航线参数进行相应的修改。

(3)航线连接

ECDIS 可以依次连接现有的多条航线,生成一条新的航线,如在中转港取消或者分段设计航线完毕的情况下,可以利用该功能快速编辑和连接生成符合航次需要的完整航线。

(4)反向航线

当需要沿已有的航线反向航行时,只需将原航线进行反转即可将原目的地改为出发点,将原出发点改为目的地。船员须考虑航行规则和航行安全需要,对反向航线的某些特殊航段进行适当的修改,如分道通航制区域通航分道的变更等。

总之,在航线设计过程中,应根据需要适当调整海图显示的范围和内容,以方便观察。例如在查看航线整体情况时,要适当缩小显示比例尺以扩大海图显示范围,将整个航线显示到当前的窗口中;在航段的细节观察和修改时,要适当放大海图并配合更多的信息显示以增强判断的准确性。航线设计完成后,应以有助记忆的方式进行命名保存。

2. 航线检查

传统的航线设计是根据 ECDIS 规定的报警条件(如海图中的特殊区域、无 ENC 海图)和预先设置的报警参数,通过人工对水深、离岸距离、离障碍物距离等方面进行核查。ECDIS 可以利用 SENC 中可用的最大比例尺海图数据对航线进行自动检测,判断航线是否存在下列危险情形：

①穿越了非官方海图，系统在某航段处没有标准的 ENC 海图数据（此处的航行不能参照电子海图）。

②穿越安全等深线，航线中的航段跨越了安全等深线，提醒检查确认。

③穿越禁航区，航线中的航段进入了限制航行区域，给出报警信息。

④穿越浅水区，航线中的航段进入了小于设置的安全等深线水域，提醒检查确认。

⑤临近危险物，航线附近的沉船、障碍物、浮标等小于设置的安全距离，提醒检查确认。

3. 航线管理

ECDIS 中针对航线主要有如下管理功能：

①创建新航线，即根据当前的通用航线参数，准备进行新的航线编辑。

②航线查询与修改，即在海图界面上显示航线图形并在参数表格中列出航线参数设定值，以供查阅与编辑。

③航线删除，即过期的航线、作废的航线应该及时删除，避免占用系统空间和影响工作效率。

④航线导出，即 ECDIS 提供将航线输出到外部设备/文件的功能。

⑤航线导入，即 ECDIS 能够将一定格式的航线数据导入航线数据库中。

三、航次计划

ECDIS 中的航次计划，是指针对某航次的航线所完成的具有量值的时间计划，一般体现为在每个转向点处的航次参数。目前的 ECDIS 已经将其集成到了航线设计中。ECDIS 中的航次计划可以分为航次参数、计划编制和计划管理。

1. 航次参数

ECDIS 中航次参数主要是指能够计算的航次内容，包括每个转向点及其航段的预计开航时间（ETO）、停留时间间隔（STAY）、预计抵达时间（ETA）和航行速度（SPEED），各参数含义如下：

（1）预计开航时间，一般只应用在航线的第一个转向点上，精确到分钟。

（2）停留时间间隔，在转向点处预计停留的时间段，一般用分钟计算。

（3）预计抵达时间，到达转向点的预计时刻。

（4）航行速度，一般表示当前转向点前的航段设置的预计航行速度。

这 4 个参数对每个转向点（航段）具有逻辑条件排斥性，如当某转向点具有了开航时间且下一转向点也被赋予了预计抵达时间，则这个航段的速度就是已知的，不能再进行设置。

2. 计划编制

航次计划的编制，就是对航次参数的设定与综合计算的过程，主要分为创建新计划和修改已有计划两种情形。航次计划编制结束后需要保存，以便在进行航行监控时使用。ECDIS 提供两种模式进行计划编制，即自动模式和手动模式。

（1）自动模式

当航线设计完成确认时，即以本船的平均航速为参数，不计在转向点上的停留时间，自动计算出该航线的时间计划。此时，第一转向点的时间为 0:00，最后一转向点的时间就是整个航线在平均航速条件下所需的航行时间。也就是说，只要确定了开航时间以及其根据实际航行需求修改的其他相关参数,就能够获得一个完整的航次计划。只要修改了某转向点上的某个航次参数,系统就重新计算全航线的各参数量值。因此极大地方便了航次计划的审核与修改。

(2)手动模式

这是一种半自动化的计划编制方式,船员可根据需要,按照逻辑关系,在适当的转向点上输入航行参数,再由系统计算整条航线的计划结果,得到完整的航次计划。对于传统航次计划中的其他内容,如人员与燃油配备、航行注意事项等,ECDIS会提供文本空间供输入。

3. 计划管理

ECDIS中针对航次计划主要有如下管理功能:

(1)创建新计划,即针对选择的某航线,进行新的航次计划编辑。

(2)计划查询与修改,即打开已有的计划,查看并可以进行编辑修改。

(3)计划删除,即过期的计划、作废的计划应该及时删除,避免占用系统空间和影响工作效率。

(4)计划打印,即ECDIS提供航次计划打印功能,它类似传统的报给船长的航次计划报告。

第五章　航行监控及报警与指示

一、航行监控

航行监控,主要是针对本船的位置和未来航行趋势及航行依据的航线、海图物标、其他目标等的相互关系进行实时动态显示与监视报警。

1. 航线监控

航线监控是 ECDIS 航行监控的主要内容,主要体现在监控航线的选择、备用航线的考虑和为获得良好的视觉效果而对被监控航线的显示控制。

(1)选择监控航线

在 ECDIS 中,设计的航线和监控的航线在概念上是不同的。前者的含义是在传统的航线设计阶段,在海图上进行绘制航线、计算和计划确认;而后者则是根据当前的航行,在已经设计好的航线上进行航行状态的比对、航行情况的标记。因此,在设计好航线后,通常应将其退出显示状态,避免海图界面上不必要的信息充斥。在航次开始时,再载入所设计的计划航线作为监控航线。

(2)选择备用航线

ECDIS 性能标准还要求准备一条备用航线用于航行过程的观察补充和紧急情况下的航行监控调整使用。

(3)监控航线的显示

被监控的航线通常被特殊显示,以明显区别于海图上的其他物标和航线。

①颜色:一般以红色为基本色调。

②线型:通常采用比设计航线粗 1 倍的实线或点画线。

③转向点:从第一转向点(一般记为 0 或 1)开始以递增的顺序标号,一般采用加粗的红色单圆圈表示,下一个转向点采用加粗的红色双圆圈表示。

(4)监控航线状态显示

为直观、准确地监控航线,船员可以控制显示与监控航线有关的状态和信息,主要包括以下内容(不同的 ECDIS 开发商可能提供的内容不同):

①转向点编号/名称:显示每个转向点的编号或名称。

②转舵线(弧):航线设计时,设置的每个转向点处的转舵点(半径),根据需要显示各转向点处施舵点及根据旋回半径所画的旋回路径。

③累计航程:每个转向点距离第一转向点的累计航程。

④航段属性:航段航程与计划航向。

⑤计划属性:转向点预计抵达时间、计划速度等。

⑥偏航带:在航线左右两侧,以偏航距离为宽度标绘出特定颜色或填充样式的带状区域。

2. 航线状态与航行预测监控

航行监控中,可以通过观察海图界面或者利用系统的查询功能来了解航行状态和预测航行趋势。为了给海图以最大显示面积,很多系统将各种显示或功能窗口隐藏,而在需要时再调用。

(1)航线状态查询

以列表形式,实时显示监控航线的状态信息,如当前转向点信息(编号、应驶计划航向等)、下一转向点信息(编号、航向、计划速度、预计抵达时间、航段距离等)、选择转向点信息(编号、预计抵达时间、航程等)。

(2)转向点预计抵达时间推算

船舶若以设定航速航行,在预计何时抵达某地时,可选择转向点,输入预计航速(可以是当前实际航速,也可以是前一段时间的平均航速或航线设计阶段设定的计划航速),ECDIS即可算出沿监控航线航行到该转向点的预计抵达时间。

(3)转向点航速推算

若已知抵达某地的时间,在预计本船应采用多大航速时,可选择转向点,然后输入预计抵达时间,ECDIS即可算出沿监控航线航行到该转向点应采用的航速。

(4)任意点位推算

上面两个问题,可以扩展为对某任意点位的推算。ECDIS可以根据输入的点位,将其自动"投影"到被监控航线的某个转向点,从而获得任意点位的航行预测。

3. 本船航行状态监控

ECDIS将来自传感器的信息与电子海图信息融合在一起,通过显示控制,实时给出本船的航行状态信息,因此船员可直观地观察和判断船舶是否偏离计划航线以及是否存在航行危险。需要注意的是,ECDIS显示的航行状态信息来自ECDIS的主定位设备,所有的航行运算也是基于该主定位设备提供的航行状态信息,而辅定位设备只显示轨迹,以供二者比较。

航行状态信息可以是海图界面上直接显示的符号表达,也可以是从附加的窗口中显示的具体的量值,主要包括以下信息:

①船位,以符号或具体的经纬度坐标显示,可以由船员控制,或显示基本符号样式,或显示比例船型样式。

基本符号是以本船船位为中心的黑色双圆圈,并可带有船舶横向线来表示船舶的形体横向。在当前海图显示比例尺下换算所得的本船显示长度小于6 mm时,只能以基本符号显示本船。

比例船型是按显示比例尺对船长和船宽进行屏幕尺度换算,以简单的5点模型构筑成一个对称的船型。显示的基点根据本船的定位设备位置设置,经过换算即可得到本船的指挥位置作为船位基准点。值得注意的是,要准确地换算出船位基准点,需要船员在使用ECDIS时设置定位设备天线在船上的准确位置。比例船型在近岸、狭水道航行或靠离泊操作时可直观地显示船舶外部边缘与周围水域环境的关系,有助于直接进行操船判断和决策。

②定位时间:当前时间(可能存在刷新周期的误差)。

③轨迹:在海图界面上显示的、带有时间标志的本船主航迹和辅助航迹。控制显示时间段和轨迹点之间的时间间隔,可以在本船当前位置后显示设定时间段内的本船历史航迹。

④航向:设定显示时间长度,然后根据航速换算得到矢量长度,从船舶符号中心开始,

以航行方向为基准,画出带有箭头的航向矢量线,或者在特定位置以数值形式显示。

⑤船首向:以罗经北为基准,在船舶符号处以矢量线形式或在特定位置以数值形式显示。

⑥航速:在船舶符号处以矢量长度或具体的速度量值显示,一般可以控制是对地航速还是对水航速。

4.目标叠加

ECDIS 可以将雷达图像、雷达跟踪目标和 AIS 目标叠加显示在电子海图界面中,可直观地显示本船周围的航行局面,便于态势判断和操船决策。目标的显示与本船的显示类似,只是符号不同。

(1)雷达图像、雷达跟踪目标

雷达跟踪目标一般用圆点或圆圈表示,带有的横向短线表示目标的形体横向。

雷达图像、雷达跟踪目标在电子海图上的叠加显示,能够帮助船员直观地对电子海图与雷达图像进行匹配判断。在具体应用中需要注意如下问题:

①设备的参考点不同或主定位系统存在误差可能造成图像与海图物标不完全重合。

②本系统和雷达的扫描周期不同会造成目标相对位置位移、本船航行矢量线不重合。

(2)AIS 目标

AIS 目标在 ECDIS 上一般用等腰三角形显示,尖头方向表示目标的形体纵向。

AIS 接收的他船数据可以在电子海图上叠加显示,并可基于这些数据,解算出避碰所需要的信息,帮助船员进行操船决策。在具体应用中需要注意如下问题:

①本系统扫描周期和 AIS 信号发送周期不同可能造成 AIS 目标与雷达跟踪目标不完全重合。

②由于他船定位系统有误差,显示的位置数据存在偏差。

5.船位调整

当定位系统或海图数据存在误差时,可以通过平移本船(包括目标)在海图上的显示位置来调整目标在海图上的匹配(假定海图位置准确),从而获得正确的本船、目标与海图的相对关系,使航行显示、监控、运算在比较小的误差基点上进行。船位调整功能通常可以借助以下方法实现:

①利用雷达跟踪目标。如果某一雷达跟踪目标相对海图某位置的关系明显可见,则可以通过移动该目标到该海图点位的方法来调整本船船位。例如,某雷达跟踪目标实际停泊在某码头的顶点边缘处,而系统显示的位置却在该码头的中央,则说明本船位置也存在误差。忽略定位设备(GPS)位置与雷达中心的误差,如果将该雷达跟踪目标移动到海图的顶点边缘处,则本船的位置也就相对正确了。

②利用鼠标移动本船。如果已知本船所处的实际海图位置,则可通过鼠标将本船拖拽到该位置进行调整。

③输入本船偏移量。如已知本船定位设备的定位与真实位置的误差,则可以通过直接输入经纬度的偏移量进行调整。

④取消调整。ECDIS 在进行了船位调整后,会通过某种标记显著表示已经进行了船位调整的警示。因此,在不需要船位调整时应该及时取消已进行的船位调整。

二、报警与指示

报警是指利用音响方法或视听手段告知一个需要注意的事项的一种警报；指示是指给出系统或设备有关状况的一种可视性指示。报警与指示从性质特点上来讲主要包括4种类型，即海图报警、设备报警、航行预警和航行报警。

1. 海图报警与指示

ECDIS关于海图的报警，是由IHO S-52标准规定的自动求算报警功能，属于对航行安全的一种保护性警示或提示，主要包括以下情形：

①超比例尺显示。当前海图显示的比例尺大于或小于海图的原始比例尺，此时，图形中显示的空间尺度在海图原始空间尺度基础上进行了一定程度的放大或缩小，可能造成航海人员在视觉上的空间判断失误。

②存在显示更佳的ENC。如果有多个均可以覆盖当前船位的ENC单元，而当前显示的ENC的原始比例尺并非最大，则ECDIS应给出指示，提醒航海人员切换显示更佳的ENC。

③无适合导航的ENC。在当前水域，如果系统内没有比例尺适合导航的ENC，应标示出该水域界限并给出指示，提醒航海人员参见纸海图或采用RCDS操作模式。

④非官方海图。当前显示的海图为非官方来源。海图是航行安全的基本保障，如果海图数据存在不准确的问题，则一切依赖海图进行的航行都必然会存在危险。

若将有限的非官方数据添加到官方数据中，二者混合显示以增加海图信息，则非官方数据应按照IHO S-52相关标准特别显示。

若同一水域既有官方数据又有非官方数据，而航海人员根据当时情况和需要可能选择显示非官方数据，或者海图显示区内两水域分别使用官方数据和非官方数据，则ECDIS应提示显示内容为非官方数据，并建议参阅官方RNC或纸海图，同时在海图显示区内标明非官方数据的范围。若海图显示区内所有数据均为非官方来源，则仅需做出提示即可。

⑤无矢量海图。当前显示的区域中存在光栅海图。由于光栅海图不具备运算能力，因此在这种情形下，虽然能够进行视觉的海图监视，但在安全方面与无海图数据的状态类似。

⑥无海图数据。当前显示区域中存在无海图数据的区域。在没有海图数据的区域，ECDIS针对海图数据进行的一切航行监控都将无法实现，此时，就不能依赖ECDIS进行航行监视，而要借助瞭望或其他手段。

⑦安全等深线指示。如果显示的SENC中不存在航海人员设定的或默认的安全等深线时，系统将以下一个较深的等深线为依据运算判断，此时ECDIS会给出指示。

2. 设备报警

如果ECDIS没有外部传感器数据，它将相当于一幅纸海图。因此，其连接的外部传感器状态，对其航行监控功能的实现是十分重要的。通常情况下，ECDIS会在显著的位置给出其连接的传感器设备的报警或指示信息，对相应的信息以特殊背景或颜色的字体显示。设备报警一般包括以下报警：

①连接故障，即设置了连接，但未检测到连接的设备。

②运行故障，即连接的设备无信号或其他故障。

③数据错误，即无法正确解析传递的数据。

④坐标系报警，即如果定位设备和电子海图的坐标系不一致，则系统应给出指示。

⑤重复报警,ECDIS 应重复显示(但只作为指示)从定位设备、航向及航速传感器等设备传来的任何报警或指示。

⑥系统故障报警,ECDIS 在系统运行或性能测试时发生故障应给出报警。

3. 航行预警

ECDIS 可以根据本船当前的航行状态,结合电子海图数据对未来的航行趋势进行预测,从而防止可能出现的危险局面。

(1)CPA 报警

在设置了 CPA 和 TCPA 临界值后,ECDIS 将根据本船与所有其他各目标船的航行状态,逐个计算与本船的会遇局面。如果达到会遇紧迫局面时,即 CPA 和 TCPA 同时进入设定的临界值范围内时,系统就会给出预警信息。

(2)特殊区域报警

对于电子海图标示的特殊区域或危险区域,可预先设置提前报警的时间(如 6 min)。ECDIS 将根据船舶的航速和航向,判断本船是否有可能进入该限制区域。若有,则给出预警信息,并在可能的进入点处闪烁显示符号以给出视觉参考位置。

(3)碰撞报警

对于海图上的危险物,如沉船、障碍物、水上标志(浮筒、浮标等)等,通过设置安全距离,ECDIS 将根据本船的航速和航向,判断与本船周围危险物的距离是否小于安全距离,以及本船的航行趋势是否接近该危险物。若存在碰撞趋势,系统给出预警信息,并在危险物处闪烁显示符号以给出视觉参考位置。

(4)转向点提醒

在设置抵达下一转向点的提前报警时间后,当达到预定时间时,ECDIS 给出报警,提醒驾驶员及时转向。

4. 航行报警

(1)船位丢失

当因使用海图漫游模式或由其他操作引起的本船船位离开当前显示的海图范围(即不在显示器屏幕内)时,ECDIS 会显示船位丢失的报警提示。船员可以通过确认该报警信息或操作船舶监控(本船居中)模式,将本船符号快速恢复显示到监控屏幕内。

(2)偏航报警

这是指当本船船位偏离计划航线的距离大于预设的距离限定值时激发的报警。一般情况下,偏航报警是系统自动发出的,但有些 ECDIS 开发商会提供开关功能来决定是否报警。

(3)偏向报警

船舶航行的方向与当前航段方向线之间的夹角超过了设定的报警参数偏向角度值时报警。偏向报警属于量值报警类型,当偏向报警角度值不等于 0 时,偏向报警功能即开启。需要注意的是,偏向不等于偏航,如正在恢复到计划航线上,它只是提示当前的航向与计划航向不同,有偏航的可能。

(4)航行超时

开航前,船员可在 ECDIS 上预定航速和开航时间,系统自动计算各转向点的 ETA,形成时间表。实际航行时,如果航行时间与预定时间相差较大(如 10 min),则触发报警。

（5）距离报警

航行中,有时需要监视本船与某地理位置点的距离。在 ECDIS 上,船员首先选择要监测的某地理位置点,设置输入提前报警提示的距离限定值,启动距离报警功能。航行中,如果本船与该点距离超过限定值,系统自动给出报警提示。ECDIS 中可以设置 2 个目标的距离报警。

（6）方位报警

航行中,有时需要监视本船与某地理位置点的方位。在 ECDIS 上,船员首先选择要监测的某地理位置点,设置输入提前报警提示的方位限定值,启动方位报警功能。航行中,如果本船与该点方位超过限定值,系统自动给出报警提示。ECDIS 中可以设置 2 个目标的方位报警。

（7）超速报警

船舶在限速的水域航行时,系统可通过设定超速限制提醒本船是否超速。

（8）走锚监控

锚泊时设定锚位和走锚监视半径,当本船漂移出监视圈(船位在监视圈外)时,ECDIS 给出走锚报警信息,警告本船可能已经走锚。

（9）定时提醒

定时提醒如同闹钟报时。ECDIS 可能提供两种定时提醒功能:一是一次性定时报警,即设置一个时刻,当时钟到达该报警时刻时系统即启动报警提醒;二是周期性报时提醒,即设置报时开始时刻和周期间隔,当时钟到达设置的开始时刻时,系统即给出报警提醒,此后每过一个周期,就报警提醒一次。

（10）锚位指引

设置抛锚点坐标,启动本功能,即在抛锚点处画一个锚位符号,在本船与抛锚点的连线上显示到抛锚点的方位距离,指引操船。实际应用中,可以利用该功能实现一些带标引性的任务,如本船与某海图物标点的方位距离跟踪运算、航行过程中对进入某特定水域的监视等。该功能在雨雾或夜晚环境下,或在船舶密集的港区进入锚地时使用,提供很多便利。

（11）落水监控

落水监控也称落水救捞,在 ECDIS 中多标记为"MOB"(人员落水)。该功能是 ECDIS 强调实现的功能,能一键式启动,相当于"紧急按钮"。启动该功能时,ECDIS 立即以当前船位作为落水位置,随即打开特定窗口,监控落水物与本船的相对位置关系,辅助船舶的救助操作。

5. 报警处理

当 ECDIS 给出报警提示时,船员应能够正确理解并采取相应的措施或操船。正确理解有两层含义:一是要确认报警提示的真伪,即是正常的、正确的报警,还是由于不当设置或误操作引起的误报警;二是要具有理解和能够采取必要或恰当的行动的能力。

ECDIS 产生的报警及其提示信息,有些能够在报警条件变为不满足时自动消除,有些则会一直在界面上显示(这种情形会造成海图界面显示混乱或影响视觉效果),需要船员进行确认(表示该报警已经被知晓,危险已被处理)才能关闭提示或显示。

第六章 航 行 记 录

与传统航海相同,自动化航海也要求 ECDIS 记录航行并能够再现航行历史。

一、记录存储

ECDIS 应能够滚动保存至少 12 h 内的,能够再现本船航行历史状态的数据,以便能够在发生事故时提供分析数据、证据,或用于航行显示观摩、演示等。

1. 记录命名

ECDIS 中的记录存储通常以日期命名保存,便于识别和选取。

2. 记录内容

(1)记录时刻:日期时刻。

(2)船位:纬度、经度。

(3)对地航向和航速:COG,SOG。

(4)船首向和航速:HDG,LOG。

(5)定位设备:使用的主定位设备。

(6)辅定位设备:使用的辅定位设备。

(7)记录事件类型:该记录是因哪种事件而存储的。

(8)事件描述:事件内容的简短描述。

(9)海图信息:正在使用的海图图号以及海图生产商、版本、更新版本号等。

3. 定时存储

ECDIS 规定的存储方式,即 1 min 保存 1 个新记录。

4. 事件存储

除定时保存外,ECDIS 要求,凡发生如下事件时,都要自动向航行记录中增加保存一个新记录。

(1)必要事件:主要包括系统开启、关闭、过转向点。

(2)船员设置参数:主要包括调用或取消监控航线、启动或停止报警功能。

(3)设备:连接设备、断开设备。

(4)系统报警:产生任何报警时。

(5)变换海图显示:主要包括分层控制、筛选物标、变更比例尺、自动换图、手动换图。

(6)船员特记:船员操作强制保存功能。

5. 船员特记

ECDIS 要求,应该允许船员在需要时,通过单一操作,向航行记录中添加一个特殊的航行记录(Event 事件)。该记录除以特殊事件 Event 保存在航行记录中外,还作为特殊轨迹点保存在轨迹中,并在海图上用类似小信封符号进行特殊标记显示。

二、轨迹存储

对于航次轨迹的存储,ECDIS 通过设置存储间隔(最大间隔 4 h)来实现。所记录的轨迹可直接作为船位标记在电子海图界面上显示出来,包括标记点和时间标签。

三、记录查询与打印

1. 记录查询

用户可根据存储记录时的记录列表,选择某时间(记录名称)的记录文件,对记录信息进行浏览。

2. 记录打印

有些系统具备将查询显示的航行记录打印出来的功能。

四、航迹再现

在纸海图上,回顾航行历史的方式是逐张查看航用海图上的海图作业标记;而在 ECDIS 中,船员只需选择某时间段的航行记录或轨迹记录,即可利用航迹再现功能在电子海图界面上观看历史轨迹和当时的航行环境(包括使用的海图)。

ECDIS 通常以表格形式显示各记录(轨迹)点的数据信息,同时在电子海图上显示出记录点的符号图形信息,表格的记录行和图形中的记录点之间可互动查询,即选中表格上某个记录点(行)时,图形上便跳至该点(行)的对应显示状态。

航迹再现包括航行再现和轨迹再现两种方式。航行再现是再现 12 h 内的航行记录条件下的航行状态;ECDIS 可调出并显示每个记录点信息,包括本船的航行状态信息、当时使用的海图、比例尺等。航行再现也称为"航行回放"。轨迹再现再现的是较长时段的航次轨迹,因此轨迹再现只表现为所选择的航迹记录的轨迹点历史,给出的是以往某航次的概要航路经历。

第七章 过分依赖电子海图的风险

ECDIS 虽然功能强大,但它只是一种助航仪器。ECDIS 自身的局限性、显示误差和故障、用户对系统的不适当设置和使用、传感器误差、备用配置使用上的及时和有效问题等,都要求用户不能过分依赖 ECDIS。

航海人员应全面掌握 ECDIS 的性能,熟悉 ECDIS 的功能及其正确使用方法,应了解 ECDIS 自身可能存在的弱点及由此可能产生的风险;航行中,保持正规瞭望,充分利用独立于 ECDIS 的手段和方法检验 ECDIS 的有效性、合理性和误差,降低航行风险,真正实现利用 ECDIS 促进航行安全的目的。

一、使用 ECDIS 的风险

1. 海图数据误差

海图数据误差主要是在海图数据的形成过程中产生的误差和不同数据来源所依据的基准差异引起的误差,是 ECDIS 的一种固有的误差。

(1)海图误差

海图数据的质量主要依赖于数据测量的精确性、数据制作的精确性、数据是否覆盖所有水域范围、数据是否完整以及是否及时更新等。目前,电子海图数据主要来源于纸海图:纸质图的水道测量数据及其标示的位置可能存在误差;从纸海图到电子海图的转换过程中数据扫描可能有遗漏,如在海图之间出现缝隙或丢失数据,也有可能出现添加一些不必要的、冗余的、无关的信息;还有可能出现某些区域的数值矛盾。

(2)坐标系误差

当定位系统所依据的坐标系与海图数据的坐标系不一致时,如果没有及时对船位误差进行修正,则海图上显示的船位不符合海图坐标系。

(3)方位误差

方位主要指真北与罗经北(雷达)的误差,即在 ECDIS 中,海图数据所依据的方位是以真北为基准测算的,而导航设备是通过罗经北来获得方位数据的,如雷达、船首向等,这使得方位数据的准确与否就取决于罗经是否校正准确。

(4)设备本身固有的误差

任何设备本身都具有固有的误差,这是无法避免的。

2. 船位误差

船位误差属于时变数据产生的误差,主要是因定位系统定位不准确及定位系统与 ECDIS 时间不完全同步,导致了海图上显示的位置和计算的结果与实际情况不符。

(1)本船定位设备位置误差

定位设备提供的船位是天线所在位置坐标,ECDIS 以船舶的指挥位置为基准,而定位设备的天线位置一般都不在该点上。ECDIS 中可根据定位设备天线处于船舶的相对位置求得船舶指挥位置,这个位置通常以米单位,自然就会有一定的偏差。当然,如果在使用定位设备数据时,没有进行过正确的中心点求算,产生的误差可能会更大。

（2）目标位置误差

与本船位置类似,目标的船位本身也存在一定的定位误差。

（3）位置发送周期误差

ECDIS 中,本船船位数据一般来自 GPS 传感器,目标船位数据主要来自雷达和 AIS 传感器。GPS 定位一般每秒至少产生 1 个位置数据,对于高速船而言,应每 0.5 s 至少输出一个位置数据。雷达一般 3 s 为一个扫描周期。同理,AIS 的信息更新也存在一定的周期性,具体如表 7-1 所示。由此可见,ECDIS 从 GPS、雷达、AIS 等传感器接收的数据并非实时的,而是具有一定的时间延迟。此外,ECDIS 本身也是每隔 1~3 s 刷新一次海图数据和其他航海信息。因此,ECDIS 并非实时显示海图数据和目标的位置,存在一定的延时。

表 7-1　AIS 信息更新周期

信息类型	船舶状态	报告间隔
静态信息		6 min。当数据已被更换时,根据请求及数据有变化时,接收到发送要求每 6 s 报告一次
动态信息(取决于航速和航向的变化)	锚泊船	3 min
	航速 0~14 kn 的船舶	12 s
	航速 0~14 kn 的变向船舶	4 s
	航速 14~23 kn 的船舶	6 s
	航速 14~23 kn 的变向船舶	2 s
	航速>23 kn 的船舶	3 s
	航速>23 kn 的变向船舶	2 s
航次数据		根据请求每 6 min 报告一次(当数据已被更换时)

3. 硬件故障

外部设备(传感器)可能产生的误差主要来自设备性能下降、设备连接故障和突然发生故障。

（1）性能下降

使用时间过长、部件老化等都可能引起设备的使用性能下降,而无法达到其设计使用的标准。如定位设备的精度可能由使用初期的 10 m 以内降低到 20 m 以内,测深仪的误差可能由原来的厘米级下降到分米级,从而使得 ECDIS 获得的数据从来源就存在不稳定和不准确性。

（2）连接故障

这里所说的连接主要是指 ECDIS 与外部设备的物理连接。如果连接出现故障,外部设备就无法为 ECDIS 提供数据,ECDIS 也就无法提供相应的信息。

（3）突发故障

突发的硬件故障难以防范,它的出现会引起 ECDIS 获得的数据出现严重的失真,从而导致其给出错误的信息,甚至产生由此带来的灾难性后果。

4. 理解错误

使用者对 ECDIS 的工作原理、数据产生机制缺乏必备的知识和经验,或者在某些情况下产生了误解,或由于工作疏忽没有进行必要的证实或分析,从而出现了盲目的接受或做出错误决定的情况。由于理解错误主要由人为因素导致,所以 ECDIS 使用者一定要认真掌握其工作原理和机制,把握显示现象与客观实际的相互关系,避免因理解错误导致航行风险。理解错误主要包括以下几方面:

(1)忽视海图超比例尺显示

海图的超比例尺(放大和缩小)显示是基于原始比例尺而言的,即在原始比例尺下,海图物标之间的相互关系是最为可靠的。超比例尺显示时海图上物标之间的空间位置关系存在视觉差异,因此如果超比例尺显示可能导致做出错误的判断。

(2)忽视显示控制

海图信息的显示分为基础显示、标准显示和所有其他显示三种方式。每种显示都存在某些种类的海图物标没有被显示出来的可能。例如,在基础显示模式下,只显示直接对本船安全具有危险的物标,还有很多影响航行安全的物标(如固定和浮动的助航标志、禁航区和受限区域等)没有显示出来。

进行海图漫游或航迹回放等操作时,船舶位置可能不在显示界面中,显示界面显示的并不是船舶周围的情况,不能作为船舶是否存在航行危险的依据。使用艏向上或航向向上时,电子海图的显示与纸海图的显示有着明显的区别,对于习惯使用传统纸海图的驾驶人员来讲,很容易出现混淆。

在电子海图上叠加雷达图像、雷达跟踪目标、AIS 目标等可能造成显示信息过载,减慢系统的运算速度。如果叠加的雷达图像质量比较差,如存在雨雪干扰等,一些小的物标就有可能被忽略。仅叠加雷达跟踪目标时也有可能造成信息解读失误,如雷达跟踪目标丢失或者没能及时捕捉物标,利用电子海图显示避让,有可能因为不能及时发现和跟踪物标而造成碰撞。

(3)缺乏分析接受显示船位

这方面错误主要体现在不分析就接受船位以及相关的状态显示,包括本船是否在其应该的位置、出现的安全现状或报警提示是否是真正情况的反映等,即忽视了是基于观测船位而不是实际船舶位置的事实。

5. 操作不当

操作不当主要体现在船员在 ECDIS 操作过程中,由于对系统操作不熟练或知识欠缺、工作马虎等造成的错误操作。

(1)海图显示不当

ECDIS 的海图显示中,不仅要求原始数据准确,还要求在选择使用数据时充分考虑航行安全的需要。过多的数据内容不仅不必要,而且造成系统过载、重要的信息被覆盖或淹没,但如果选择的数据过少,则可能不能满足航海安全的需要。

(2)设置错误

在 ECDIS 中,只有选择适当的诸如系统报警参数、航线监视报警参数和本船参数,才能有效地发挥 ECDIS 的相关功能。例如,对于偏航报警,如果设置的报警限制值过小,就会经常发生报警(可能是不必要的);如果过大,就会在应该报警的时候,无法给出报警。又如,对于搁浅报警,如果设置的提前报警时间过短,虽然也产生了报警,但由于没有给后续的操船留有充分的时间,就有可能无法避免进入浅水区的危险。

(3)操作错误

操作错误不同于设置错误,这是一种由于动作失误或选择错误造成的后果,应当在ECDIS使用中尽量避免。例如,在选择操作菜单时,由于鼠标操作不熟练而选择了不应该选择的菜单行。

二、系统可靠性

1.海图数据

系统应使用权威机构发行的ENC海图数据,如果使用了其他数据,要甄别其来源的可靠性和坐标系的同一性。商业公司制作和推广的电子海图,其海图数据多依赖于水道测量机构或授权,权威性和时效性较官方机构逊色。区分电子海图数据是否为官方ENC:在购买数字产品时,注意检查发行机构是否为官方或由官方授权;在显示电子海图时,按ECDIS性能标准规定,如果不是官方的ENC,则在显示器上会出现特定的警示信息。

官方ENC也需要定期更新,可以通过航海通告、无线电航警手动改正,也可以通过改正光盘等媒介或登录国际互联网实现自动更新。

2.显示信息

船员应了解ECDIS的各项性能,掌握各传感器切换方法,充分发挥设备或仪器的功能优势,选取最佳的定位或导航方式。

船员应熟悉相关航路资料。单凭ECDIS对航线进行检查和对航行进行监控是不科学、不完整的。尤其是在近岸和进出港口水域,有较为完善的陆地导航系统,如浮标、导标、叠标等,可利用这些标志或系统进行导航或避险,方法简单、结果直观,便于检查、校核ECDIS的导航精度。船员只有熟悉电子海图系统和航路资料,才能正确地评估显示信息是否正确,以引导船舶安全航行。

3.ECDIS设置

(1)船员应熟悉ECDIS的不同显示方式及其特点。

在不同水域、不同时间或使用不同的船舶监控功能时应选用合适的显示方式。

(2)注意报警参数的正确输入和报警功能的合理使用。

船员要熟练掌握参数设置、航线设计、航路监控、报警的设置与排除、电子海图的更新、各种相关数据的判断与处理等与航行安全密切相关的操作和信息。航线偏航报警设置或防搁浅设置,一般用于港外航路,在进出港口时航道的宽度有限,与定位精度、偏航报警阈值等不相称,这时要充分利用港口设置的各种导航标志。

(3)船员应

正确解读报警或指示信息。

危险信息一般用红色表示;安全信息一般用黄色表示。航行监控时如果系统还设置在漫游模式,那么系统会自动出现黄色的信息予以提醒。出现定位传感器故障等时,系统也会发出类似信息。

4. 系统设备保养

（1）防尘、防潮、定期通电。ECDIS 工作时间长，从开航前拟定航行计划开机，到抵达目的港关机，往往要持续几天甚至几十天的时间。船舶可能跨越的空间大，从低温地区到高温地区，从干燥地区到潮湿地区，设备硬件要经受各种不同环境的考验。因此，驾驶台要保持合适的温度，要注意防尘、防潮。配备双套 ECDIS 的船舶要定期转换使用，让每台设备都得到休整。设备长时间不用时，要定期通电、除潮。

（2）应定期对外部设备进行性能检测，及时掌握设备的运行情况以及可能存在的误差，保证系统传递的数据达到要求。

（3）为确保 ECDIS 功能的正常运行，要定期自动或手动对 ECDIS 进行主要功能在船测试，包括传感器输入数据的完整性测试、航线监控功能的实现等。根据使用手册的操作指导进行 ECDIS 相关自检。

（4）正确使用备用配置。ECDIS 需要备用配置，在紧急情况下可以取代主系统执行各种功能直到抵达下一港口。如在雾中航行或进出狭水道时，电子海图系统等出现故障，应该降低船速，按照传统的航行方式航行，这时要使用备用配置。

5. 系统软件维护

系统的稳定运行离不开软件，软件出现故障可能降低系统性能，甚至导致系统崩溃。要坚持专机专用，不能将设备挪作他用，否则容易影响设备的性能或感染计算机病毒。应注意制造商发布的信息，对可能存在的问题或缺陷进行修正。删除数据或文件会给船舶带来危险，驾驶员不得随意删除与航行安全有关的数据。

6. 驾驶台设备配置

注意 ECDIS 与船舶其他系统之间的匹配。尽量安装同一制造商的产品，这有利于各系统之间的兼容；互不兼容的设备之间要通过信号转换装置来连通。要正确地进行系统设置，如差分全球定位系统（DGPS）选用的坐标系统应该与电子海图的坐标系统一致。要输入准确可靠的导航参数，如航向、转向点的经纬度、陀螺罗经差、磁罗经自差与磁差、风流压差、各种仪器启动时的初始数据等。要熟悉和掌握 ECDIS 中各种传感器的原理、特性和功能，使各种传感器工作在最佳状态。要充分认识到各种传感器的局限性，最好将定位数据、导航参数等进行比较分析，选择精度高和可靠性好的船位。

7. 电力供应

ECDIS 的电源，通常有直流 24 V 和交流 220 V 两种接口（插头），一般与船舶电源插口相匹配。

常规电源：要根据船舶电源的稳定情况，选择适当的接口进行连接。

应急电源：应该在其他导航设备，特别是定位设备已经具备应急电源的前提下，在 ECDIS 上使用应急电源；否则，如果仅仅是给 ECDIS 准备了应急电源，出现紧急情况时，系统也将因为没有航行监控提供的数据而无法正常工作。

第八章　设备熟悉与操作

为了更好地理解理论知识,本章以 MTI-E2000 电子海图显示与信息系统模拟器为例介绍 ECDIS 的操作与应用。

一、主界面及功能快速索引

MTI-E2000 是在 IHO S-57、IHO S-52、IHO S-63、MSC. 232(82)决议以及 STCW 等国际公约要求的基础之上开发的,是针对船舶驾驶员、在校航海技术专业学生、相关培训班学员等进行 ECDIS 实操培训的 ECDIS 模拟器,主要具备以下功能:

Monitor:航行监控;

Voyage planner:航次计划及航线设计;

MAP:手动添加海图物标;

Sensors:传感器设置;

Chart:海图管理与显示设置;

Log Book:航行日志;

Target:AIS、自动雷达标绘仪(ARPA)物标查询;

Simulation:船舶操纵模拟(包括模拟操舵、模拟车钟等);

Radar:雷达控制、物标录取跟踪;

Route Data:航行监控信息显示;

背景光:在白天、黄昏和夜晚模式下切换。

ECDIS 模拟器的主界面主要分成 6 大部分 23 个分节,如图 8-1、图 8-2 所示。

图 8-1 中标注的 6 大功能区主要是:

(1)顶部信息显示区;

(2)居中快捷工具条;

(3)右侧信息栏;

(4)底部常用功能菜单;

(5)底部光标状态栏;

(6)海图显示区。

各分节的细分功能参照表 8-1。

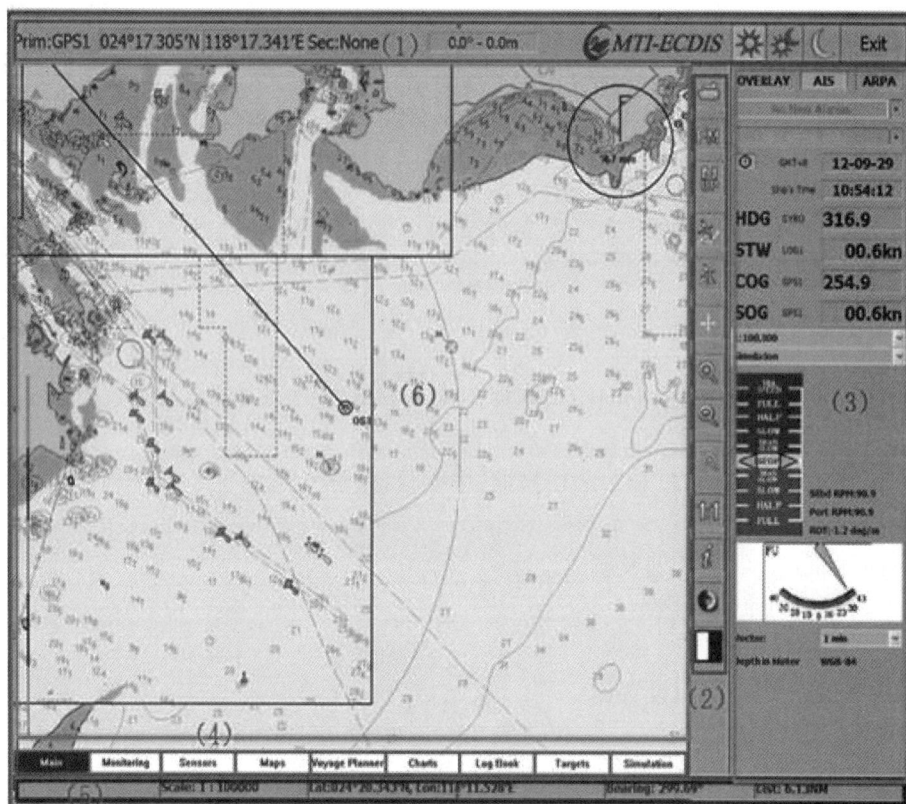

图 8-1 ECDIS 模拟器界面及其布局

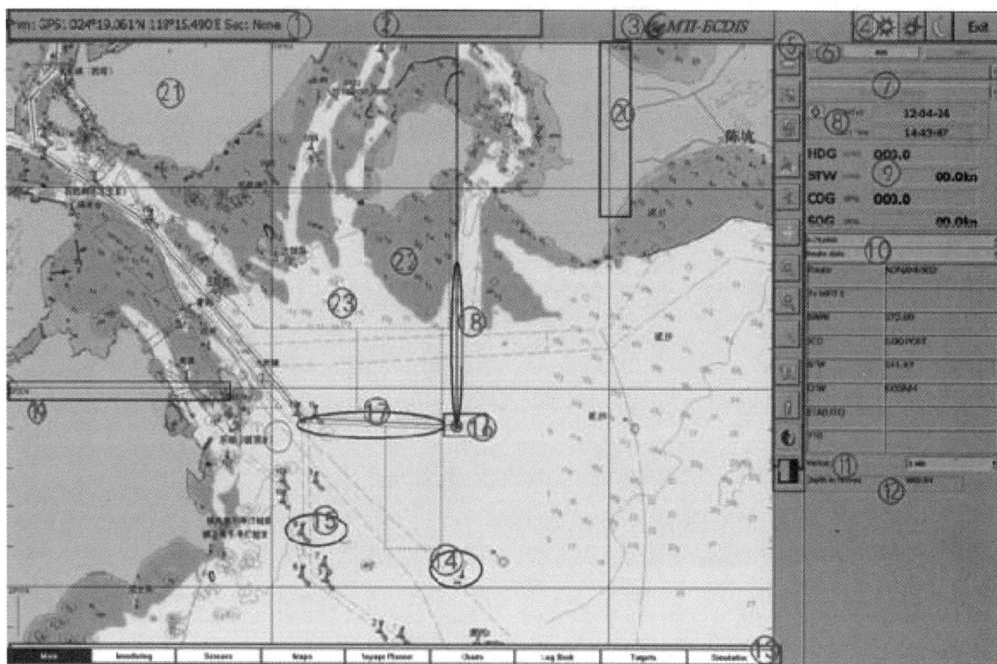

图 8-2 ECDIS 模拟器界面功能快速索引

表 8-1 功能索引表

编号	功能	功能说明
1	船位及船位信息来源	实时显示来自 GPS 等定位系统的经纬度,同时显示当前所用定位系统。当这个位置的文字为红色时,表明位置不准,请检查确认
2	船位差	用以显示主位置源和次位置源之间的船位差,用二者之间的方位和距离来表示
3	软件名称	本模拟器的名称:MTI-ECDIS
4	背景光模式	分三种背景光模式:白天、黄昏和夜晚
5	快捷工具栏	标准要求单次操作完成的功能快捷按钮
6	雷达、AIS、ARPA 信息覆盖	在 ECDIS 中可以叠加显示雷达物标、AIS 物标
7	报警显示	当系统出错、操作失误、提醒用户时,会分别在这两个位置弹出警告、报警的信息,用户单击就可以确认
8	船时	模拟器系统时间使用船时或是世界标调时的切换按钮
9	航行信息	包括本船的船首向、对水速度、对地航向和对地速度
10	隐藏菜单	快捷关闭菜单显示
11	矢量时间设置	设置本船和目标船的速度矢量长度(1~24)
12	水深单位和坐标系	显示本海图的水深单位和坐标系
13	常用功能菜单	ECDIS 常用功能,如航行监控、航线设计、海图管理、模拟航行、模拟操作等功能
14	人工添加的海图标	使用 MAP 功能添加的物标
15	ENC 物标	原始海图中的物标
16	本船符号	当前比例尺不同时,本船符号在双圆圈和船舶轮廓符号之间切换
17	正监控航线	正在设计的航线和正在监控的航线分别用蓝色和红色加以区别
18	本船船首线	当前状态时船首的方向线
19	纬线	在电子海图上显示的纬线
20	经线	在电子海图上显示的经线
21	海图陆地区域	按标准规定颜色显示的陆地区域
22	浅水区域	根据本船特性参数可设定相对于本船的浅水区域
23	非浅水区域	相对于本船参数的非浅水区域

二、ECDIS 模拟器菜单介绍

开启 ECDIS 之后,用户可以从 ECDIS 主界面快速地检查各传感器信号是否正常接入,如图 8-3 所示。这些传感器包括 GPS、AIS、测深仪、计程仪等。

GPS 出现故障时,在软件终端将会出现多处警报和提醒:

①本船经纬度变成红色。

②本船符号变成红色。

③COG & SOG(对地航向和对地航速)变成红色。

④AIS 船舶信息变成红色不可信状态。

⑤报警栏上出现"Position system failure"红色报警等。

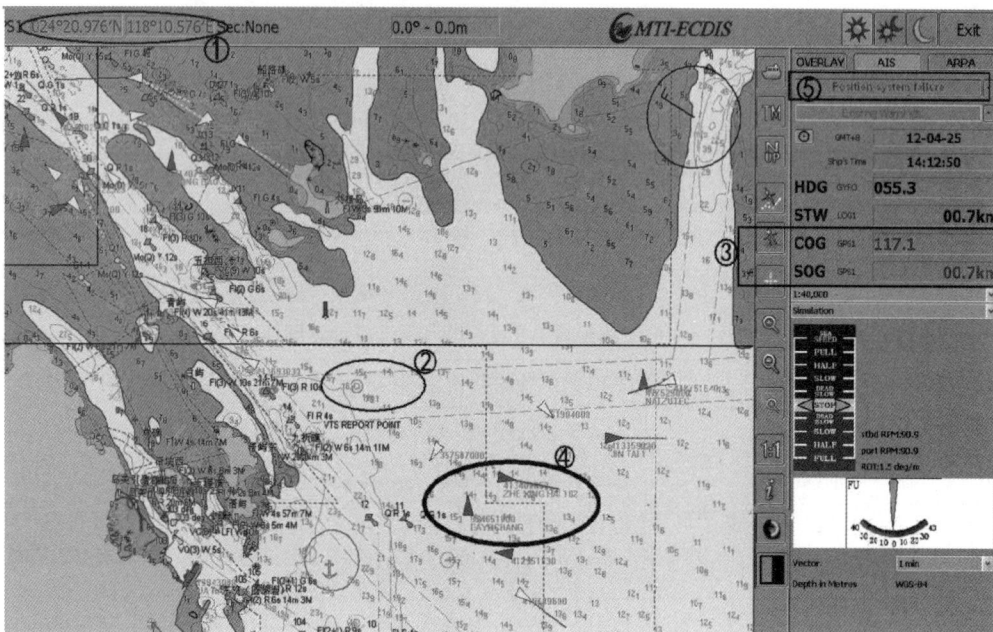

图 8-3　开机后各传感器信息检查

__AIS failure__ :当模拟的 AIS 出现故障时,报警栏中同样会出现相应的"AIS failure"报警,同时 AIS 信息和目标船信息等数据将不会更新。

当水深仪(Echo Sounder)出现故障时,报警栏中同样会出现相应的"Echo sounder failure"报警,同时航海参数显示屏(Conning)中将无法正确显示水深。

当计程仪(SpeedLog)出现故障时,报警栏中同样会出现相应的报警,同时 STW(相对水速)将变成红色,并显示错误信息。

1. 主屏菜单介绍

(1)顶部信息栏

__Prim:GPS1 024°18.843'N 118°18.522'E__ :显示本船位置信息。

__Sec:DR　　　　268.7°__ :显示备用定位系统及位置信息。

☀ ☀ ☽ :显示亮度级别选择。

☀:白天模式。

☀:傍晚模式。

🌙:黑夜模式。

Exit :点击退出系统,当弹出确认退出窗口时,确认退出即可。

(2)居中快捷工具条

用户通过一次单击工具条上的操作按钮就可快捷地进入相应的操作,本船的客户端快捷工具条主要包括:快速回到本船,运动模式,显示模式,折线测距工具,测量方位与距离,海图拖动工具,海图放大,海图缩小,局部放大,显示海图原始比例尺,拾取海图信息,MOB工具,显示、隐藏窗口功能,如图8-4所示。

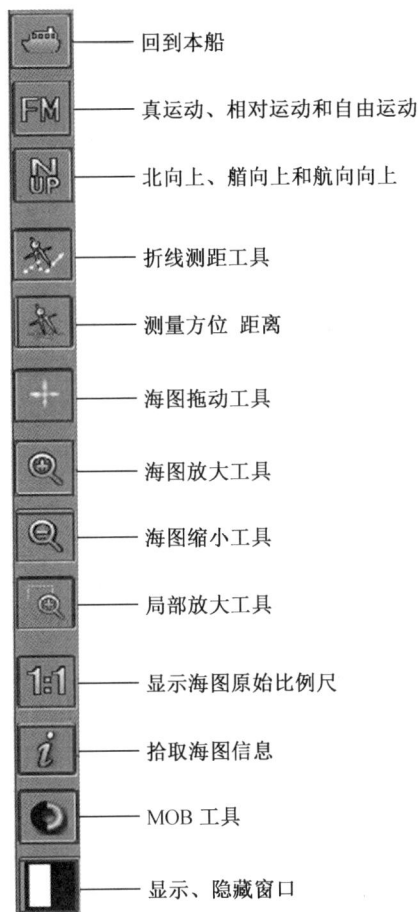

	回到本船
FM	真运动、相对运动和自由运动
N UP	北向上、艏向上和航向向上
	折线测距工具
	测量方位 距离
+	海图拖动工具
⊕	海图放大工具
⊖	海图缩小工具
⊕	局部放大工具
1:1	显示海图原始比例尺
i	拾取海图信息
●	MOB工具
▯	显示、隐藏窗口

图8-4 快捷工具条

图中各按钮的功能及操作方法如下:

①快速回到本船。当本船不在当前显示的区域时,通过该功能键可以快速跳转至以本船坐标为屏幕中心的海图显示区域。

②真运动、相对运动和自由运动。

TM 真运动:真运动就是本船动而海图不动,当船舶到达海图视口边界(海图屏幕中心)的时候,本船图标自动跳到海图中心点。

RM 相对运动:本船不动,海图向相反方向移动。

FM 自由运动:即鼠标点击后将以该点为中心进行显示。

③北向上、艏向上和航向向上 $\boxed{\text{N UP}}$ $\boxed{\text{H UP}}$ $\boxed{\text{C UP}}$ 。

北向上:图像以真北向上显示,船动,海图不动。

艏向上:图像以船首向上显示,船不动,海图动。

航向向上:图像以航向向上显示,船不动,海图动,比艏向上模式稳定。

④折线测距工具 $\boxed{}$ 。

该功能键用于测量本船到物标、物标到物标的方位和距离,显示结果如图8-5所示。

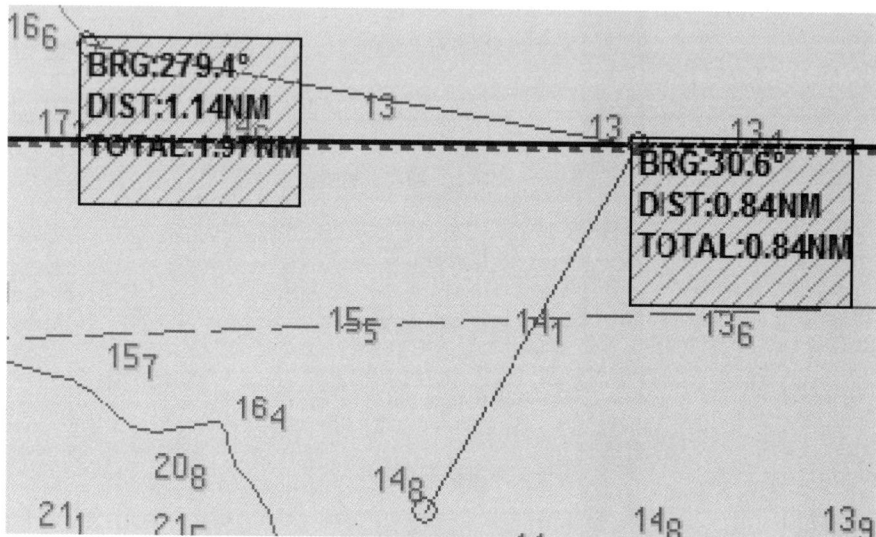

图8-5 折线模式测量物标与本船的方位和距离

⑤利用 VRM/EBL(电子方位线/活动距标圈) $\boxed{}$ 测量方位与距离。该功能键用于测量本船到物标及物标到物标的距离差和方位差,操作如下:

A. 点击该工具。

B. 左键选择海图上任意一点,将该点记为圆心,此时左键不要松开。

C. 在海图上拖动鼠标到需要测量的点,松开左键完成该次测量。

D. 再次点击测量工具,退出测量。测量方位与距离显示效果如图8-6所示。

⑥海图拖动工具 $\boxed{+}$ 。

点击该功能后,按住鼠标左键可拖动海图。

⑦海图放大 $\boxed{\oplus}$ 。

放大海图,点击【放大】,以屏幕中心为中心,海图放大1倍,状态栏中的比例尺【1:×××】随之改变,达到海图最大比例尺后,再继续点击,海图大小不再改变。

⑧海图缩小 $\boxed{\ominus}$ 。

缩小海图,点击【缩小】,以屏幕中心为中心,海图缩小1半,状态栏中的比例尺【1:×××】随之改变,达到海图最小比例尺后,再继续点击,海图大小不再改变。

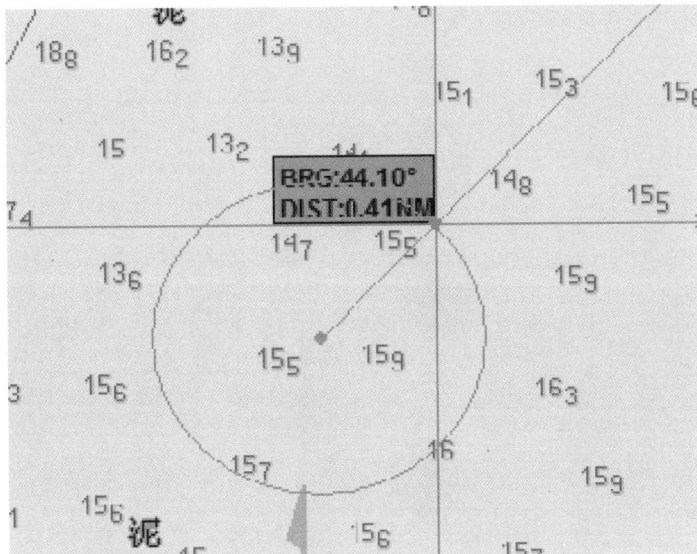

图 8-6 VRM/EBL 测量物标与本船的方位和距离

⑨局部放大工具 。

点击按钮,在海图中左击,画出想要放大的部分再左击,就能实现海图局部放大。

⑩显示海图原始比例尺 。

按此钮之后,海图显示区域将以海图原始比例显示海图。

⑪拾取海图信息 。

点击按钮,会弹出 objects info 拾取海图信息框,在海图中点击会出现海图上各个图层上的信息,这些信息包括物标的名称、各种描述、类别和经纬度等。拾取海图信息显示效果如图 8-7 所示。

⑫MOB 工具 。

点击 MOB 按钮,在本船船位处立即显示一个救生圈图标,并且固定显示在海图上,以此来标示人员落水的具体位置,如图 8-8 所示。

⑬显示、隐藏窗口 。

点击可显示和隐藏 ECDIS 的动态显示和控制窗口。

(3)右侧信息栏

右侧信息栏向用户提供了船舶在任何时候的基本信息,主要分成两种:一种是基本信息栏,包括航向、航速、时间、报警与警告,以及快捷的选择海图显示比例尺等;另一种是其他信息栏,包括 RADAR 控制、模拟航行控制、航行监控时的监控参数等,如图 8-9 所示。

基本信息栏主要包括以下内容:

①动物标显示与关闭 OVERLAY AIS ARPA 。

OVERLAY:雷达回波叠加到电子海图上;

AIS:显示 AIS 物标信息;

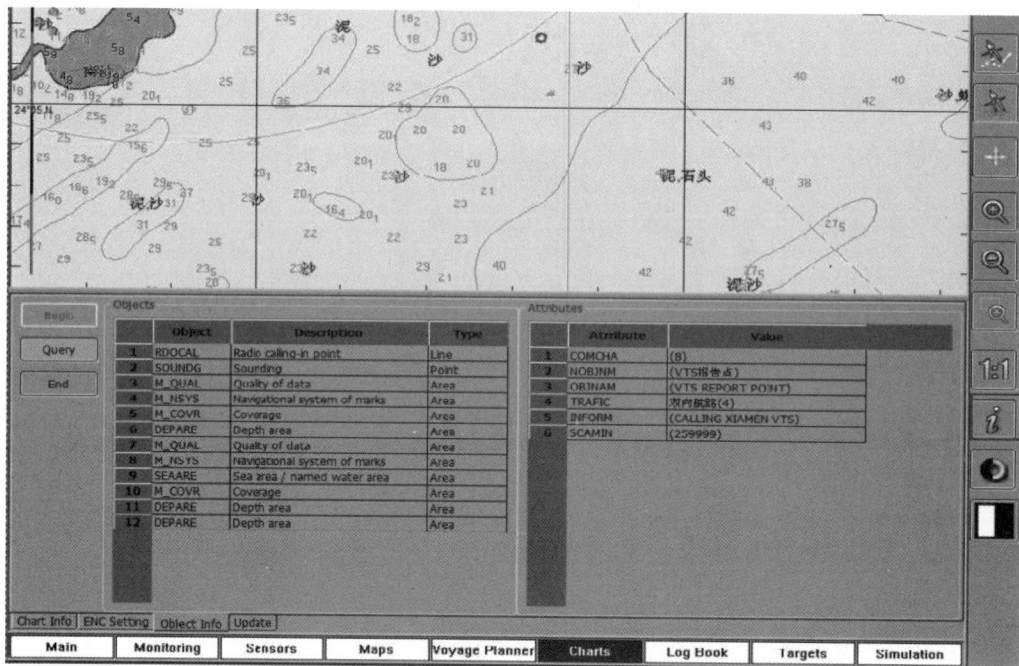

图 8-7　拾取海图信息显示效果

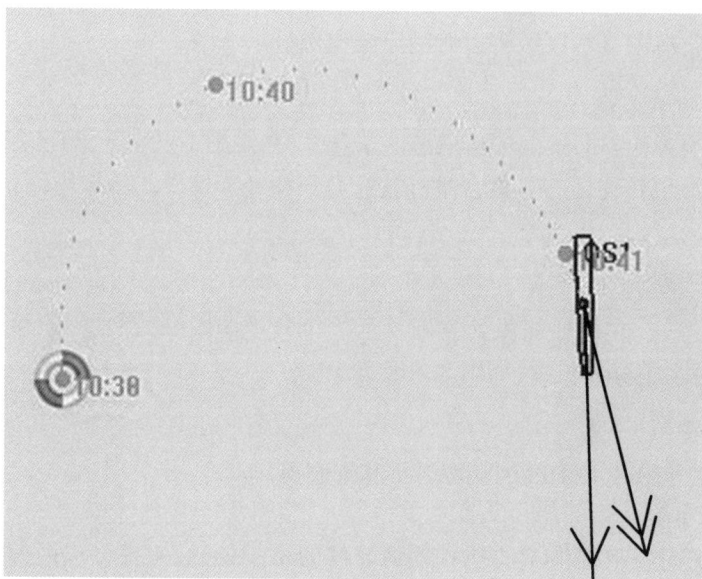

图 8-8　MOB 效果图

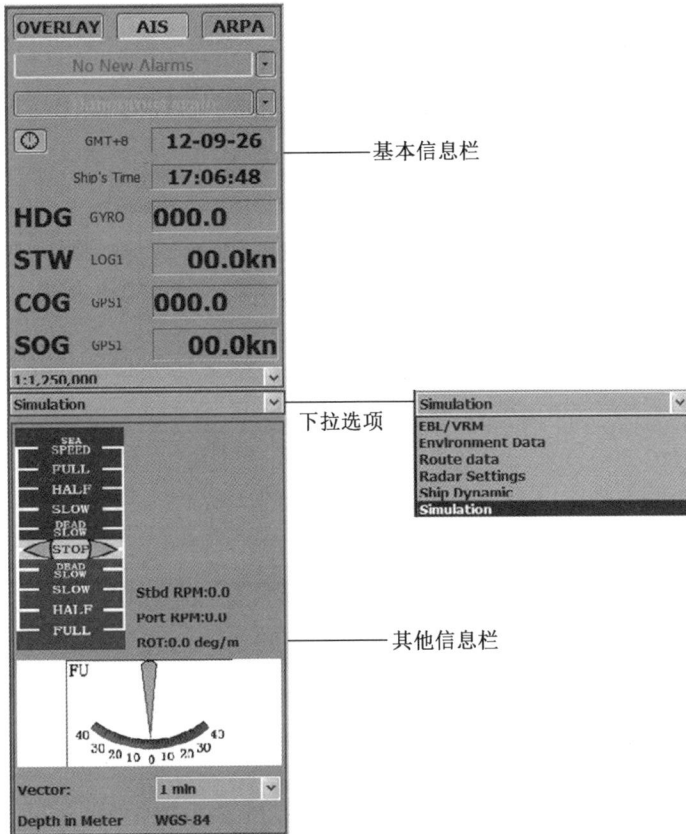

图 8-9 右侧信息栏

ARPA:开启 ARPA。

②警报和警告。

当系统产生报警或警告时,会在此位置分别以红色和橙色文字闪烁,以提醒用户注意当前 ECDIS 的状态。用光标单击闪烁的项时,将会停止报警或警告。用户单击右侧的 工具可查看报警或警告历史。

③日期和时间 。

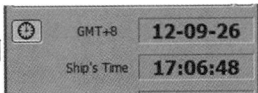

图标用以切换船时或世界协调时,默认时间为船舶所在时区的船时(ships time)。

④基本信息 。

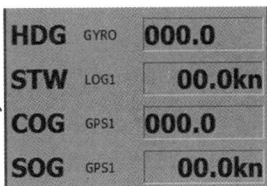

HDG:船首向,GYRO 表示来自罗经;

STW:对水速度,LOG1 表示来自计程仪;

COG:对地航向,GPS1 表示来自 GPS;

SOG:对地速度,GPS1 表示来自 GPS。

⑤比例尺选择 1:1,250,000 。

点击选中比例尺,海图显示区以相应的比例尺显示。

其他信息栏主要包括以下内容:

EBL/VRM(电子方位线/活动距标圈)、Environment Data(环境信息)、Route Data(航路信息)、Radar Settings(雷达设置)、Ship Dynamic(本船动态信息)、Simulation(模拟操船)。

①EBL/VRM(电子方位线/活动距标圈)。

EBL1/EBL2 为电子方位线,VRM1/VRM2 为活动距标圈,共两组,并有两种使用方式。

一种方式是以本船为 VRM/EBL 的中心或计量始点,这个时候测量的是本船与物标之间的方位与距离。另一种方式是 EBL/VRM 的中心不在本船,而是任意指定位置,这个时候可以测量选中点与其他物标之间的距离,如图 8-10 的所示。

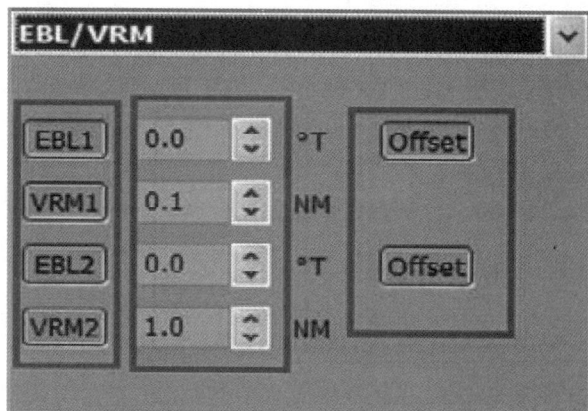

图 8-10 电子方位线/活动距标圈

EBL/VRM 窗口的下半部分有两条平行线功能,如图 8-11 所以,此处设计了平行避险线 1,2 为两条线的开关,可分别或同时打开,如果当前状态是开启状态则再次点击会关闭这组线;后部的编辑框可键盘输入也可鼠标点击移动线的角度和与本船的距离,输入单位为度,数值保留到小数点后一位,距离单位为海里,数值精确到小数点后两位;点击"Reset"键后使平行避险线与船首线平行。

②Environment Data(环境信息)。

环境信息从上至下依次为:

【Current Speed(kn)】:流速。

【Current Dir(deg)】:流向。

【Rel Wind(m/s)】:相对风速。

【True Wind(m/s)】:真风速。

【Rel Winddir(deg)】:相对风向。

【True Winddir(deg)】:真风向。

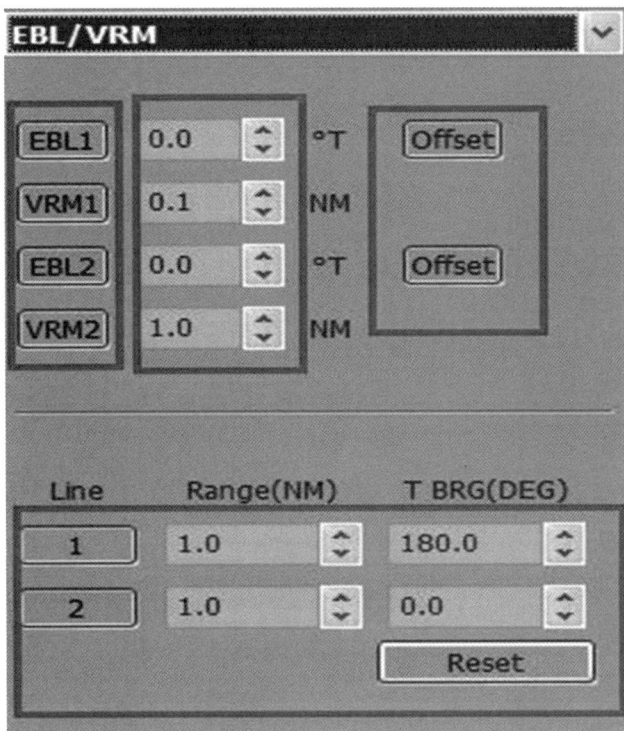

图 8-11　EBL/VRM 工具窗口

【Wave Dir(deg)】:海浪的方向。

【Wave Height(m)】:浪高。

【Wave Period(s)】:波浪的周期。

【Water Depth】:水深。

③Route data 航路信息。

航路信息,如图 8-12 所示,从上至下依次为:

【Route】:航路名称。

【To WPT3】:下一个转向点。

【BWW】:上一个转向点到下一个转向点的方位。

【XTD】:偏航距离。

【BTW】:本船到下一个转向点的方位。

【DTW】:本船到下一个转向点的距离。

【ETA(UTC)】:预计本船到下一个转向点的时刻。

【TTG】:预计到下一转向点航行时间。

④Radar Settings 雷达设置,如图 8-13 所示。

雷达控制按钮从上至下依次为:

【Range】:量程增减。

【Rings】:固定圈间距,以及显示开关【Show】。

【Bright】:亮度。

Route data	
Route	NONAME005
To WPT 3	
BWW	203.64
XTD	7.05 PORT
BTW	322.79
DTW	8.05NM
ETA(UTC)	08:03:21
TTG	1h101m44s

图 8-12　航路信息

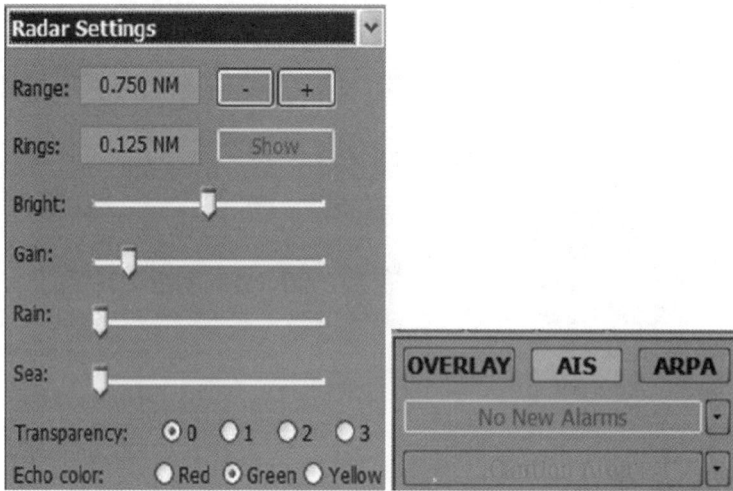

图 8-13　雷达控制按钮

【Gain】:增益。

【Rain】:雨雪干扰抑制。

【Sea】:海浪抑制。

【Transparency】:包括量程设置范围 0.250~96.000 n mile 步长成 2 倍增加;固定距标圈宽度为 1/6 量程,"Show"为海图上雷达回波叠加开关;"Bright"海图上叠加的雷达回波透明度设置。"Overlay"为雷达回波叠加开关。雷达回波叠加显示如图 8-14 所示。

【Echo Color】:回波颜色选择,红、绿、黄。

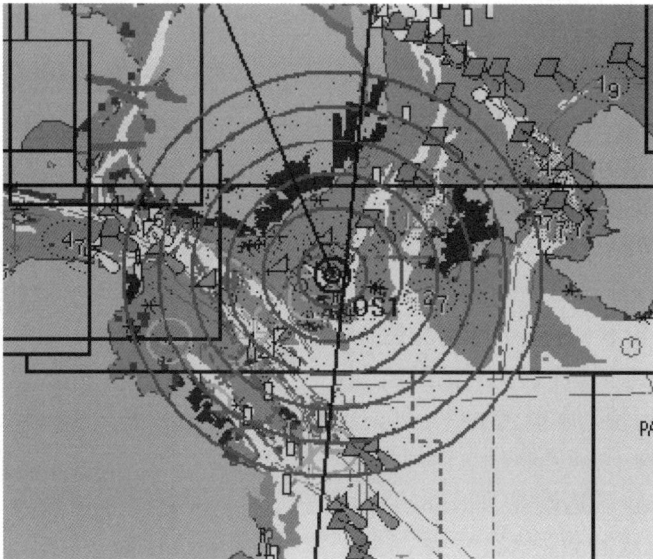

图 8-14　雷达回波叠加

⑤Ship Dynamic(本船动态信息)。

从上至下依次为:

【Trim】:吃水差。

【List】:倾斜度。

【Rot(Deg/m)】:转头率。

【Draught Fore(m)】:艏吃水。

【Draught Aft(m)】:艉吃水。

【Drift Fore(kn)】:船首漂移。

【Drift Aft(kn)】:船尾漂移。

【Propeller revs(RPM)】:主机转速。

【DriftWater Fore(kn)】:船首对水漂移。

【DriftWater Aft(kn)】:船尾对水漂移。

【Stbd Rudder(deg)】:右舵角度数。

【Port Rudder(deg)】:左舵角度数。

⑥Simulation 模拟操船,如图 8-15 所示。

功能:车舵控制,单次点击移动,再点击设置完成。图 8-15 中的"stbd RPM:90.0"表示当前主机转速,"ROT:-0.2 deg/m"表示船头旋转率为左向 0.2°/min。

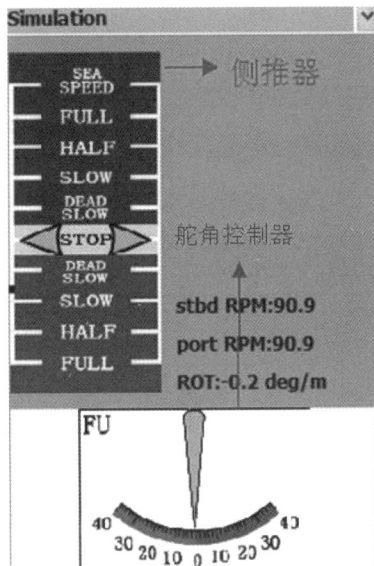

图 8-15 模拟操船

(4)设定矢量时间。

功能:在 ECDIS 右侧信息栏底部有如图 8-16 所示的本船和目标船的速度矢量长度设置项。速度矢量是用时间来描述的,矢量时间为 1~24 min。

(5)显示海图水深单位和制图坐标系。

功能:系统将自动读取所加载海图所采用的坐标系。

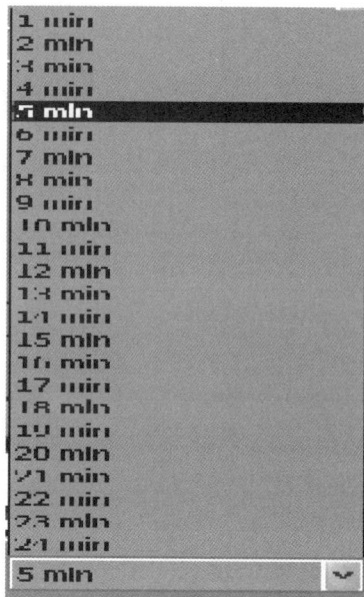

图 8-16　本船和目标船的矢量长度设置

2. 底部菜单功能

（1）Main

底部功能菜单弹出时,会缩小海图显示区内的操作,如查询物标、分析航行水域内的海图资料、分析航线周围的助航物或碍航物,这个时候只需要点击 Main 即可快捷地关闭底部的功能菜单栏。

（2）Monitoring

Monitoring 模块分为三个部分:Route Monitoring(航线监控)、Safety Alarms(安全警报)和 Navigational Alarms(航行警报)。

第一部分,Route Monitoring 菜单,如图 8-17 所示。

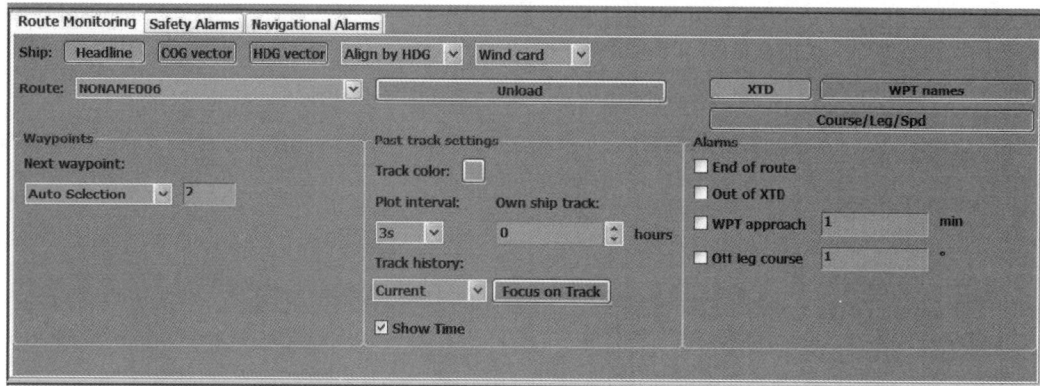

图 8-17　调用航线进行航线监控及设置面板

Ship:本船显示内容,如图 8-18 所示。

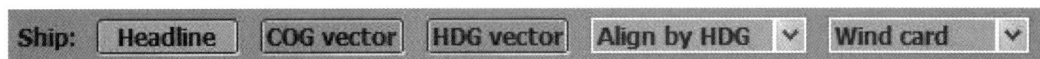

图 8-18　本船显示内容

①船首线 Headline 。

点击后海图中显示船首线(始终延伸到屏幕外边缘)。船首线显示如图 8-19 所示。

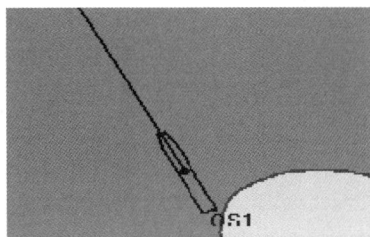

图 8-19　船首线

②对地航向矢量 COG vector 。

点击后海图中将显示出本船的对地航向矢量,带双箭头。对地航向矢量显示如图 8-20 所示。

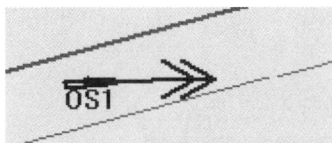

图 8-20　对地航向矢量

③船首向矢量 HDG vector 。

点击后海图中将显示出本船的船首向矢量,带单箭头。船首向矢量显示如图 8-21 所示。

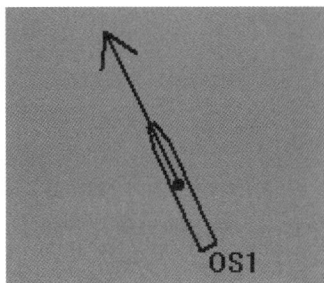

图 8-21　船首向矢量

④Align by HDG(按船首向对中)、Align by COG(按对地航向对中)。

按船首向对中显示如图 8-22 所示;按对地航向对中显示如图 8-23 所示。

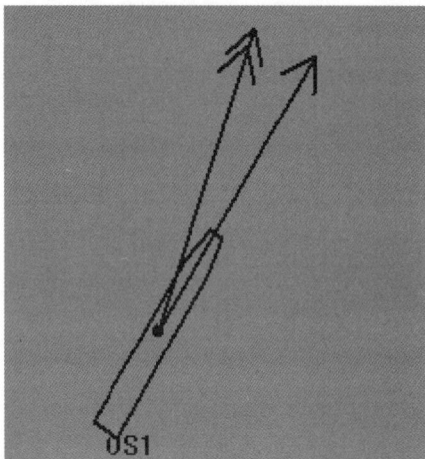

图 8-22　按船首向对中显示

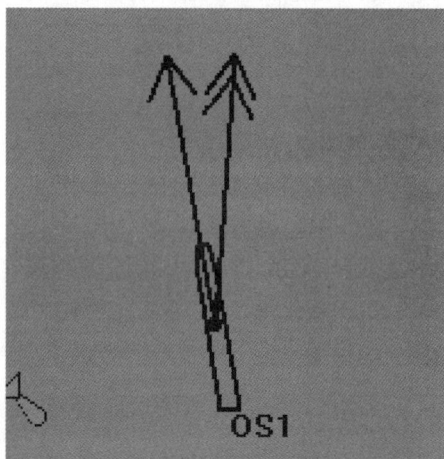

图 8-23　按对地航向对中显示

⑤Wind vector(风矢量)、Wind card(风花)、None(无风),如图 8-24 所示。

⑥Route(航线),如图 8-25 所示。

⑦航线监控,如图 8-26 所示。

单击下拉菜单,在下拉菜单中将出现系统中已设计并保存的航线,选择需要的航线,海图中即呈现该航线。注意:在调入航线之前请确保该航线已经在"voyager planner"菜单中编辑设计好并已保存。

航线监控则显示为红色,如图 8-27 所示。

⑧卸载 Unload 。

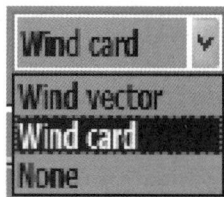

图 8-24　风矢量、风花、无风

图 8-25　航线

图 8-26　调用航线进行航线监控

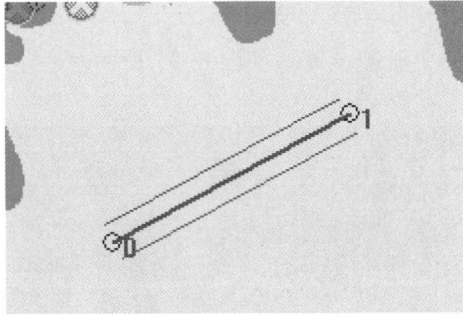

图 8-27 正在被监控的红色航线(中间线)

单击按键,取消航线监控,恢复默认状态。卸载航线默认为编辑的蓝色状态,如图 8-28 所示。

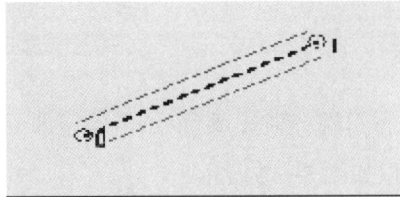

图 8-28 卸载航线默认成编辑的蓝色状态(中间线)

⑨Waypoints(转向点),如图 8-29 所示。

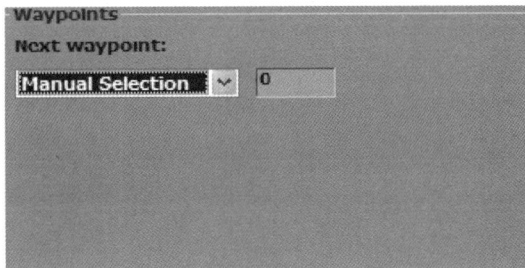

图 8-29 转向点

⑩下一个转向点,如图 8-30 所示。

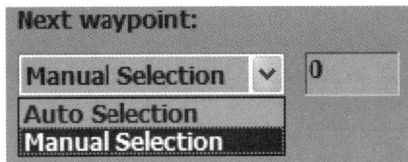

图 8-30 下一个转向点

Next waypoint(显示下一个转向点)、Auto Selection(自动选择)、Manual Selection(手动选择)。

⑪Past track settings(历史航迹设置),如图 8-31 所示。

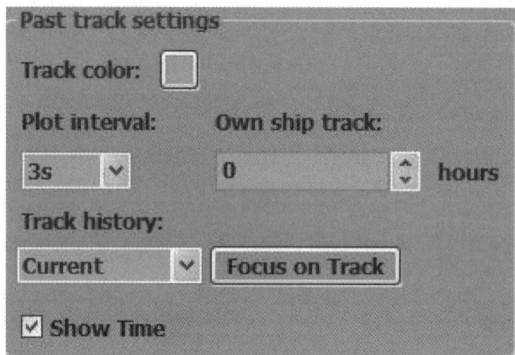

图 8-31　历史航迹设置

航迹颜色 Track color: □ :

点击 ■ 按钮,弹出颜色框可选择航迹颜色,点击确定即可。

航迹颜色自定义设置窗口如图 8-32 所示。

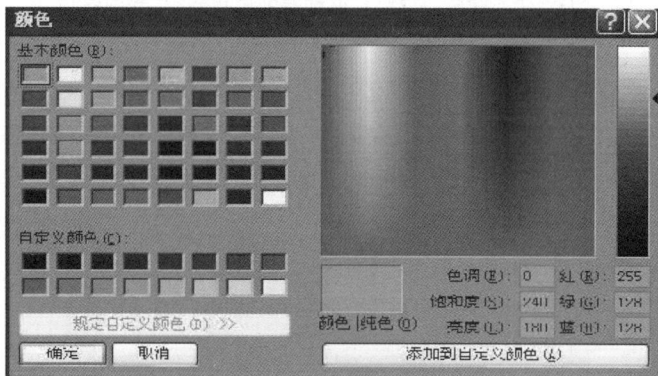

图 8-32　航迹颜色自定义设置窗口

⑫历史船位间隔设置,如图 8-33 所示。船位间隔显示效果如图 8-34 所示。

⑬本船航迹间隔设置,如图 8-35 所示。

功能:可键盘输入或鼠标点击或鼠标中键滚动,显示本船航行几小时前的航迹。

⑭历史航迹设置,如图 8-36 所示。

功能:点击 Current 为显示当前航迹,点击选择历史日期则显示历史航迹。

⑮居中显示航迹,如图 8-37 所示。

功能:在海图中居中显示航迹。

居中显示航迹效果如图 8-38 所示。

图 8-34 船位间隔显示效果

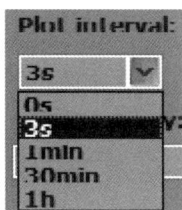

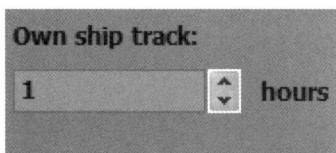

图 8-33 历史船位间隔设置

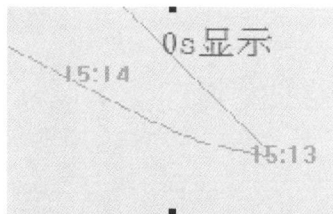

图 8-35 本船航迹间隔设置

图 8-36 历史航迹设置

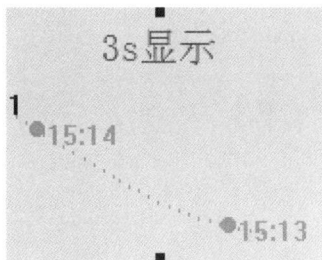

图 8-37 居中显示航迹

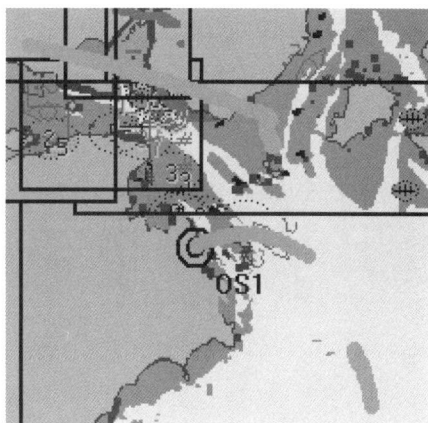

图 8-38 居中显示航迹效果

⑯显示航迹时间 ☑ Show Time ,如图 8-39 所示。
功能:勾选则显示航迹时间,反之不显示。

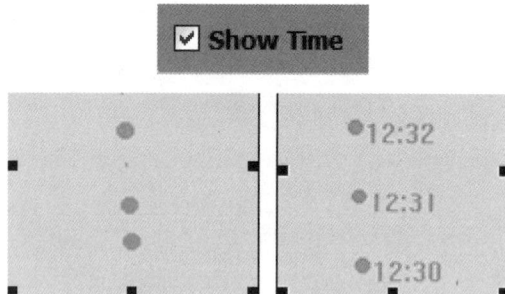

图 8-39　显示航迹时间

⑰航线标注显示开关

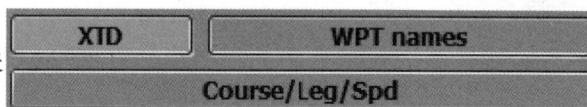

。XTD（航迹偏移量）、WPT names（转向点名称）、Course/Leg/Spd（航向/航程/计划航速）。

功能：点击三按钮，可以将航向偏航距离，转向点名称和航向、航程、计划航速一同呈现于海图中。航迹偏移量、转向点名称、航向/航程/计划航速显示如图 8-40 所示。

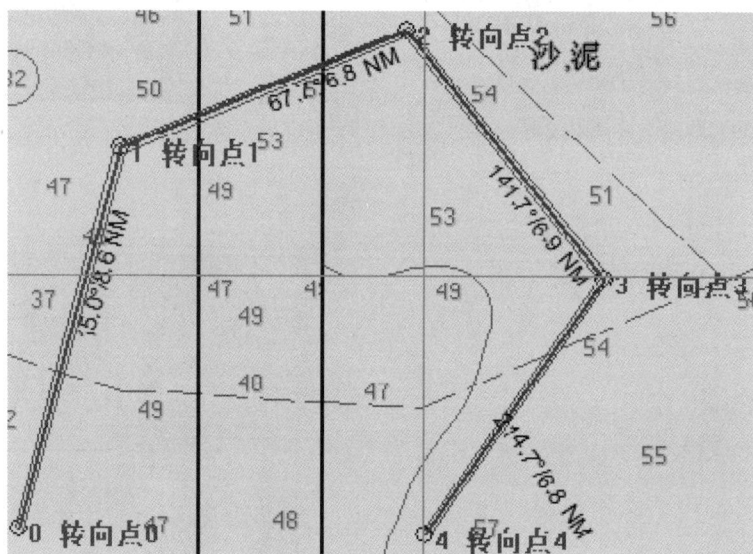

图 8-40　航线标注显示

第二部分，Safety Alarms 菜单，如图 8-41 所示。

①Safety frame（本船安全检测范围框），如图 8-42 所示。

功能：该区域为航向中的本船提供一安全检测范围框，该区域主要由船首方向、本船左右舷组成；当各种设置的警报（这些警报设置参考避浅警报）被触发时，系统将出现相应的报警。

安全检测范围框显示效果如图 8-43 所示。

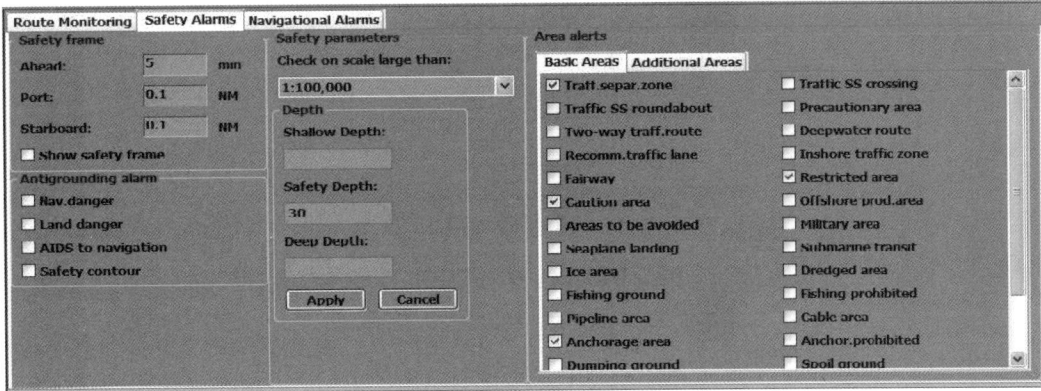

图 8-41　安全报警菜单

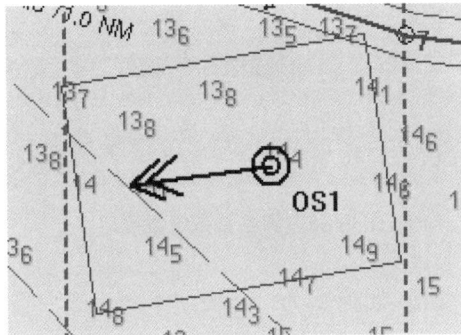

图 8-42　本船安全检测范围框

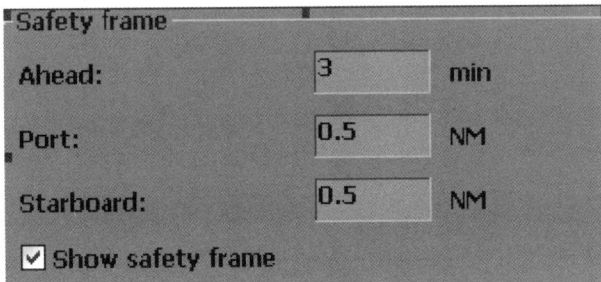

图 8-43　安全检测范围框显示效果

②Antigrounding alarm(避浅警报),如图 8-44 所示。

功能:从上到下依次为航行危险、陆地危险、助航物报警、安全等深线。该功能必须在"Safety frame"功能开启时才能生效。当所设置的安全边框区域穿越以上四种警报所存在的区域时即出现报警。

③Safety parameters(安全参数)。安全参数设置窗口如图 8-45 所示。

功能:该区域中系统将提供手动检查海图最大比例尺功能和设置安全水深功能。

④Depth(安全水深设置)。

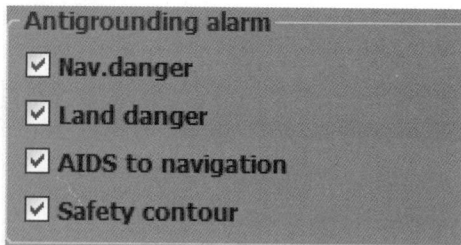

图 8-44　避浅警报

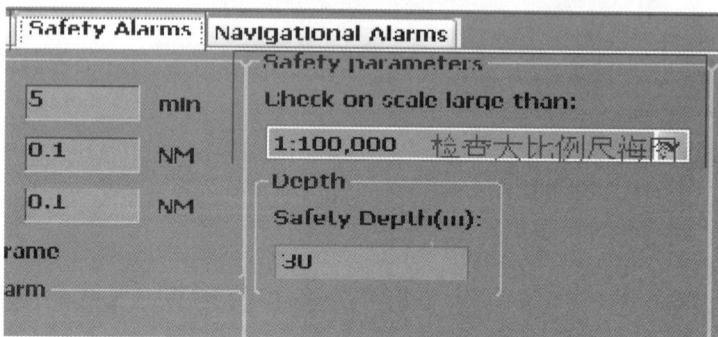

图 8-45　安全参数设置窗口

功能：可以设置安全水深值，如图 8-46 所示。

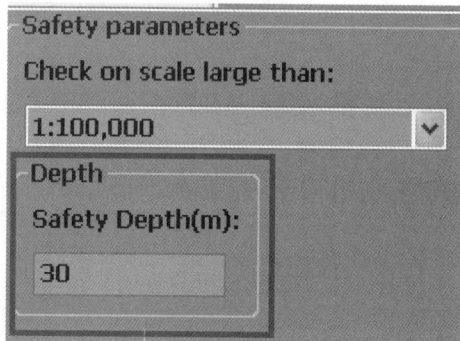

图 8-46　安全水深设置窗口

⑤Area alerts（区域警报）。

功能：分为 Basic Areas（主要区域）和 Additional Areas（附加区域）。系统提供 44 种警报设置，该部分警报功能必须和"Safety frame"功能结合使用，如图 8-47 所示。

第三部分，Navigational Alarms 菜单，如图 8-48 所示。

①Primary/Secondary difference（主要/次要船位差设置），如图 8-49 所示。

功能：设置的船位差别为 0.1 nm 出现警报，如图 8-50 所示，dist 为 0.37 nm，所以出现警报。

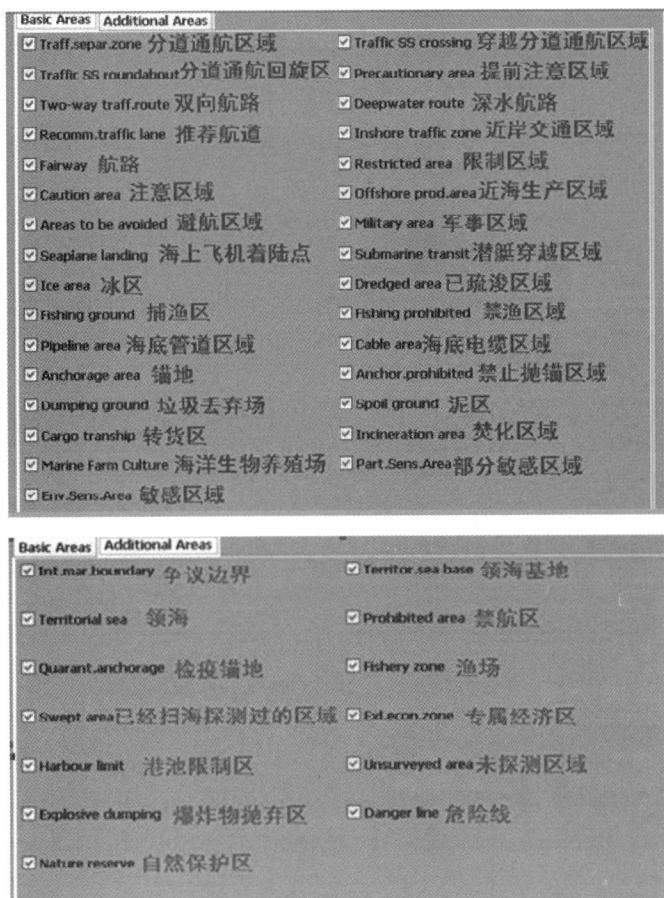

图 8-47 区域警报设置

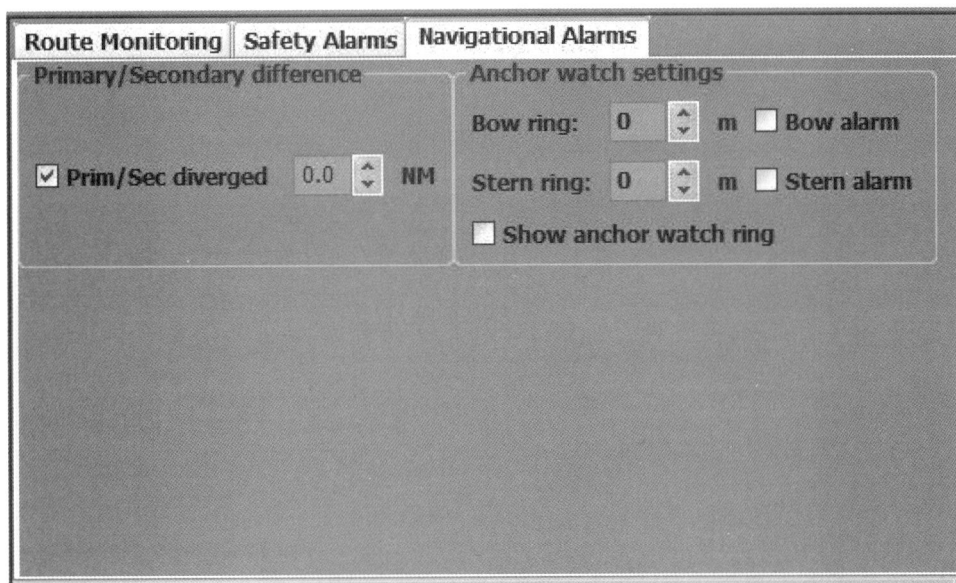

图 8-48 航行参数检测报警设置

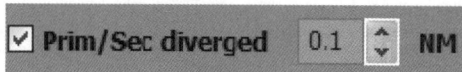

图 8-49　主要/次要位置差监控设置

图 8-50　主要/次要位置差显示效果

②Anchor watch settings(锚班设置),如图 8-51 所示。

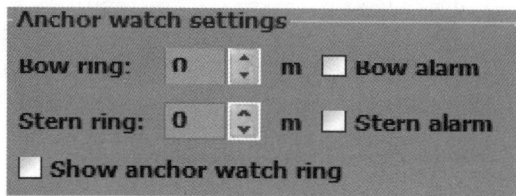

图 8-51　锚班设置

功能:Bow ring 表示船首铃飘荡的范围设定值,当本船抛锚后,船舶飘荡超过设定值时,出现警报。Stern ring 表示船尾的警报设定值,具体要求同上。Show anchor watch ring(显示锚更铃)如图 8-52 所示。

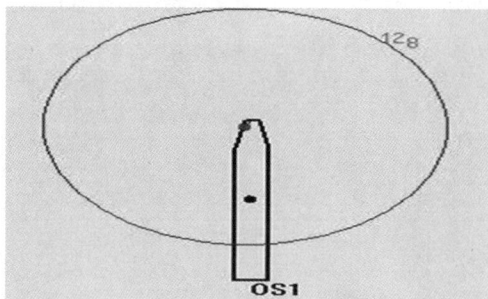

图 8-52　显示锚更铃

(3)Sensors

Sensors 菜单为系统设计提供的多种传感器选择菜单。

第一部分,Ship Position(船位信息)菜单,如图 8-53 所示。

①标题栏:Ship Position(船位)、Heading(船首向)、Speed(船速)。

②菜单内容框。

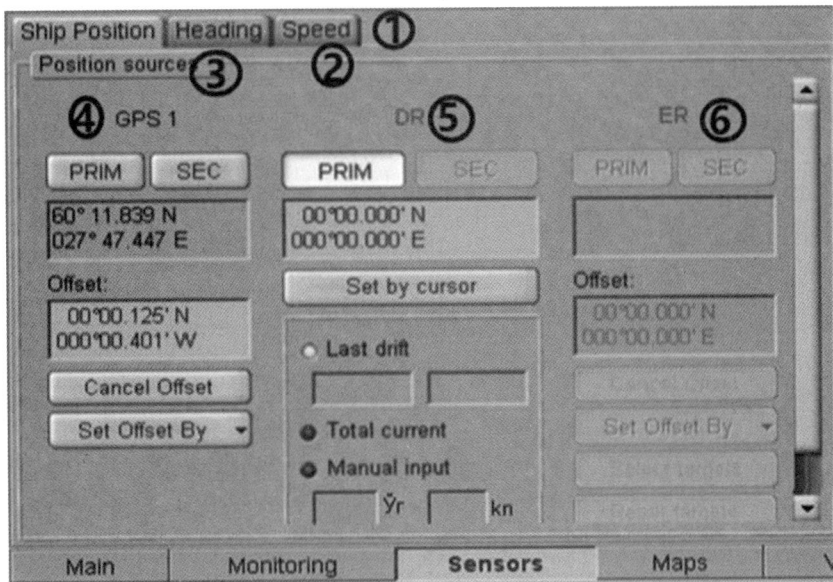

图 8-53 船位信息

③Position sources：位置源信息。

④GPS1：船位源信息。

⑤DR：推算船位信息。

⑥ER：物标参考船位信息。

GPS1 使用方法：

a. 选择 GPS1 位置源信息；

b. 选择【PRIM】，选中后该键高亮，表示当前的主要位置源为 GPS1；

c. 选择【SEC】，选中后该键高亮，表示将 GPS1 设定为当前的次要位置源；

d. 不可编辑框内显示 GPS1 的位置信息；

e.【Offset】为海图与 GPS1 坐标系误差的偏置修正，修正值在下面可编辑框内输入，点击【Cancel Offset】后消除偏置；

f.【Set Offset By】点击后出现下拉框，可选择其他设置偏置的方法（如用鼠标）。

DR 使用方法：

a. 选择 DR 位置源信息；

b.【PRIM】选中后，该键高亮，表示当前的主要位置源为推算船位；

c.【Slect target】表示使用物标定位；

d.【SEC】选中后，该键高亮，表示将推算船位设定为当前的次要位置源；

e. 编辑框内可键入用其他方法获得的较准确的船位，即重新调整船位；（手动输入当前起始点船位或者移动鼠标选择）

f.【Set by cursor】点击后可用鼠标重新调整船位；

g.【Last drift】点亮后，表明航迹推算将使用在系统中设置的流向流速；

h.【total current】点亮后，表示将人工输入的与系统默认的流向流速进行矢量合成；

i.【Manual input】点亮后，可人工键入，航迹推算将使用流向、流速。

ER 使用方法:

a. 选择 ER 位置源信息;

b.【PRIM】选中后,该键高亮,表示当前的主要位置源为物标参考船位;

c. 在 ARPA 开启的情况下,点击【Select targets】后,该编辑框内将显示船位(实际是物标的位置);

d.【Offset】可键入或点击【Set Offset By】输入(输入值为本船与物标船的位置偏差,输入后显示的位置将修正为本船的船位);

e.【Cancel Offset】点击后将删除偏差修正;

f.【Reset targets】点击后将撤销选中的参照物标。

第二部分,Heading(船首向)菜单,如图 8-54 所示。

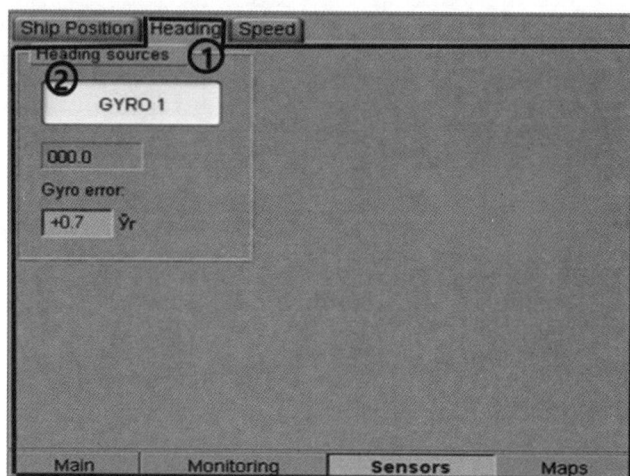

图 8-54　船首向信息源设置

①点击"Heading"将出现黑色框中的内容。

②Heeding sources:船首向信号源标题。

③操作注意事项:

a.【GYRO1】点击后高亮,表示船首向信号来自 GYRO1(目前该版本的系统仅模拟一部陀螺罗经)。

b. 不可编辑框显示选择罗经的船首向。

c. 罗经差可键入或鼠标滚动输入。注意:可以输入罗经差,这里经过罗经差修订后,船首向将发生变化,即要修改本船 Heading。

第三部分,Speed(速度信息源)菜单,如图 8-55 所示。

①点击"Speed"将出现灰色框中的内容。

②STW Sources(对水速度信号源)(来自计程仪):【LOG1】为计程仪对水速度,点击后高亮,下方不可编辑框显示当前计程仪对水速度。

③对水速度信号源(来自手动输入):【MANUAL】为人工输入速度,点击后高亮,下方可编辑框可输入速度值。

注意:这些将改变本船的对水速度。

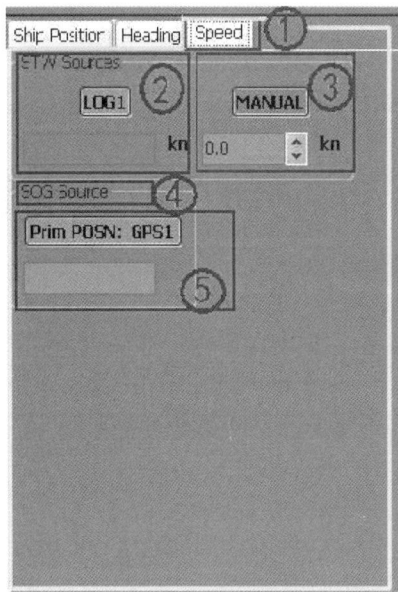

图 8-55　速度信息源

④SOG Source：对地速度信号源。

⑤主要电子定位传感设备 GPS 计算的对地速度，选中后高亮。

（4）Maps

Maps 的功能是提供给用户在海图上添加、编辑、移动、删除、保存航标等各类符号。

Maps 主要包含两部分内容：一个是名为"Edit Map"的页面，如图 8-56 所示。另一个是名为"Manage Map"的页面，如图 8-57 所示。

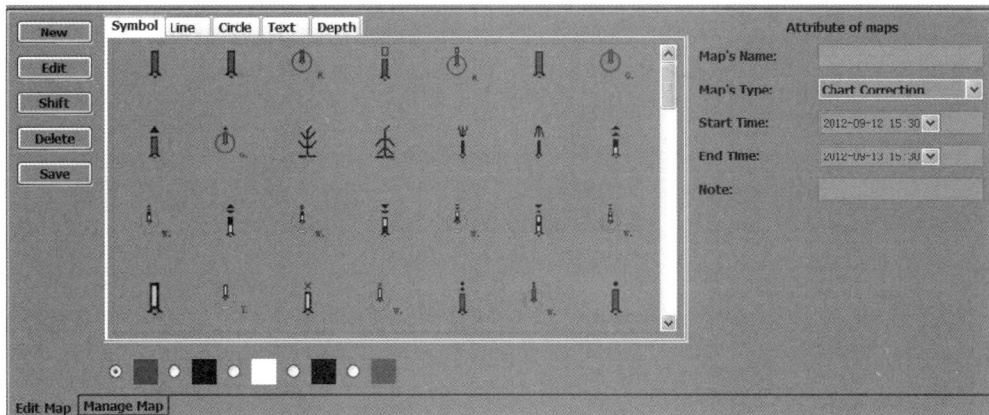

图 8-56　Edit Map 窗口

Edit Map 菜单介绍：

在该页面中，系统提供各种各样用户可能用到的图标、线条、圆形、文本信息、水深点等。

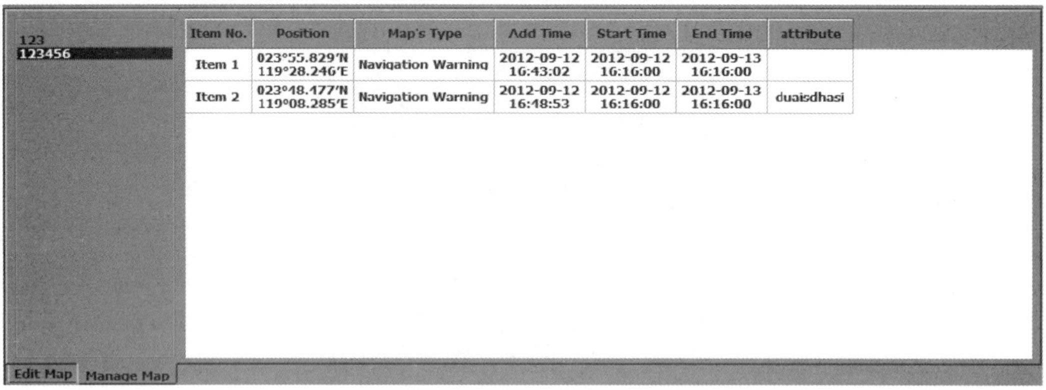
123
123456
Item No.
Position
Map's Type
Add Time
Start Time
End Time
attribute
Item 1
023°55.829'N 119°28.246'E
Navigation Warning
2012-09-12 16:43:02
2012-09-12 16:16:00
2012-09-13 16:16:00
Item 2
023°48.477'N 119°08.285'E
Navigation Warning
2012-09-12 16:48:53
2012-09-12 16:16:00
2012-09-13 16:16:00
duaisdhasi
Edit Map
Manage Map

图 8-57　**Manage Map 窗口**

另外,系统还提供五个编辑按钮:

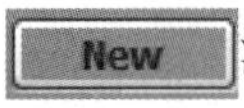
New
添加新图标按钮:在“Edit Map”中选中需要添加的图标,按 New 按钮时光标将自动跳至海图区域中心,鼠标移动到所要放置的位置,单击左键确定。

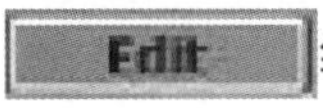
Edit
编辑按钮:点击 Edit 按钮,在海图区域鼠标将出现“回”形状,将“回”形鼠标移动至需要编辑的图标上,点击左键,即选中该图标,然后在信息编辑区域键入需要添加的信息,点击 Apply 按钮即可,此时在“Map 属性信息栏”中添加的航标名和备注信息将出现在海图上,若要取消,则点击 Cancel 即可。

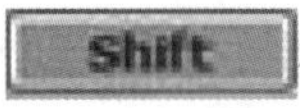
Shift
移动按钮:点击 Shift 按钮,在海图区域鼠标将会出现“回”形状,将“回”形鼠标移动至需要编辑的图标上,点击左键,即选中图标,此时可以在海图移动图标位置,待确认之后,点击鼠标左键即可;反之,点击右键取消。

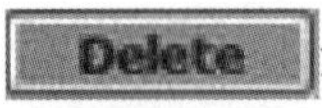
Delete
删除按钮:点击 Delete 按钮,在海图区域鼠标将会出现“回”形状,将“回”形鼠标移至需要删除的图标上,点击左键,即可删除选中的图标。

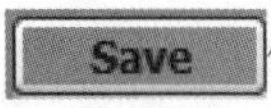
Save
保存按钮:新建或编辑修改,在页面右边区域为“Map 属性信息栏”,用户可以在选择【New】或【Edit】之后在该区域添加/编辑各种重要的信息。

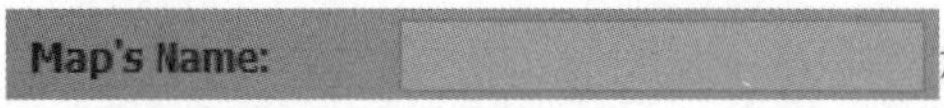
Map's Name:
航标名字:系统会默认给一个名字,如改正类型显示的是 Chart Correction,则默认显示 Chart Correction1. 2. 3…,用户也可以修改默认名。

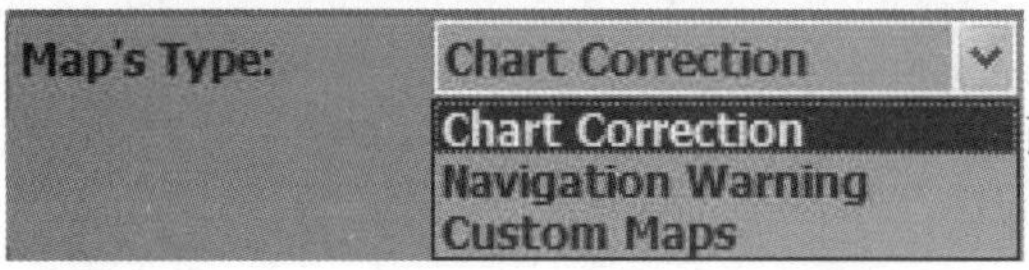
Map's Type:
Chart Correction
Chart Correction
Navigation Warning
Custom Maps
改正类型:选择 Map's Type 后,可有三种不同的界面。

①Chart Correction:海图改正。

②Navigation Warning:航行警告。

③Custom Maps:船员自定义标注。

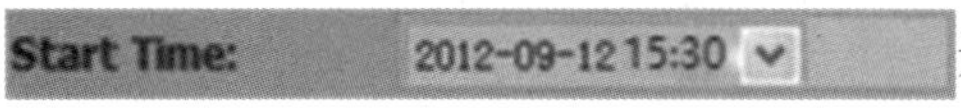
Start Time:
2012-09-12 15:30
开始时间:用户选择日期或点击后手动输入

开始时间。

End Time: `2012-09-13 15:30 ▾` 结束时间：用户选择日期或点击后手动输
入结束时间。

Note: `　　　　　` 备注内容：添加备注信息的内容。

Manage Map 菜单介绍：

系统会把当前用户所添加的所有图标的详细信息按图标名称罗列于此。左侧为图标
名称"Maps Name"，点击要查看的图标名，右侧会依次显示："Item No."（编号）、"Position"
（位置）、"Maps Type"（航标的类型）、"Add Time"（添加时间）、"Start Time"（开始时间）、
"End Time"（结束时间）、"Attribute"（属性）（图 8-57）。

（5）Voyage Planner

各设计窗口如图 8-58 至图 8-60 所示，图中按钮功能见表 8-2。

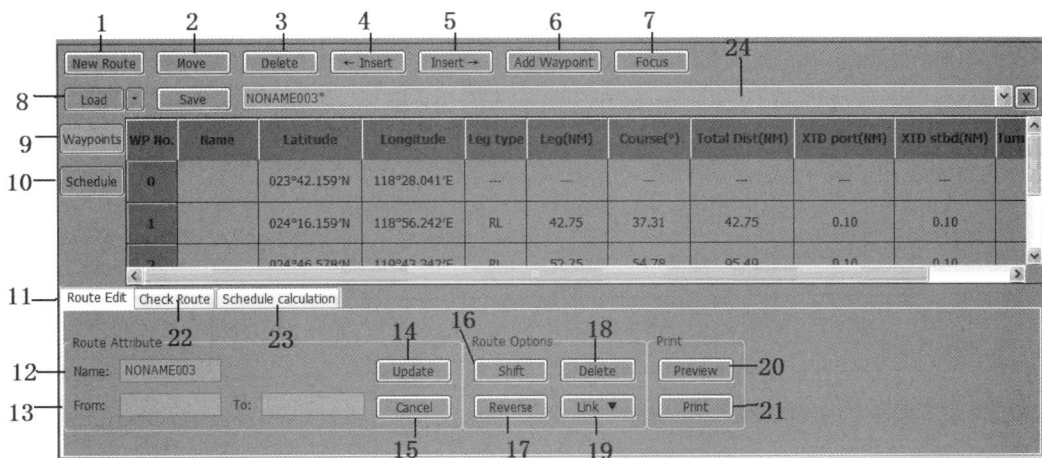

图 8-58　航次计划及航线设计窗口

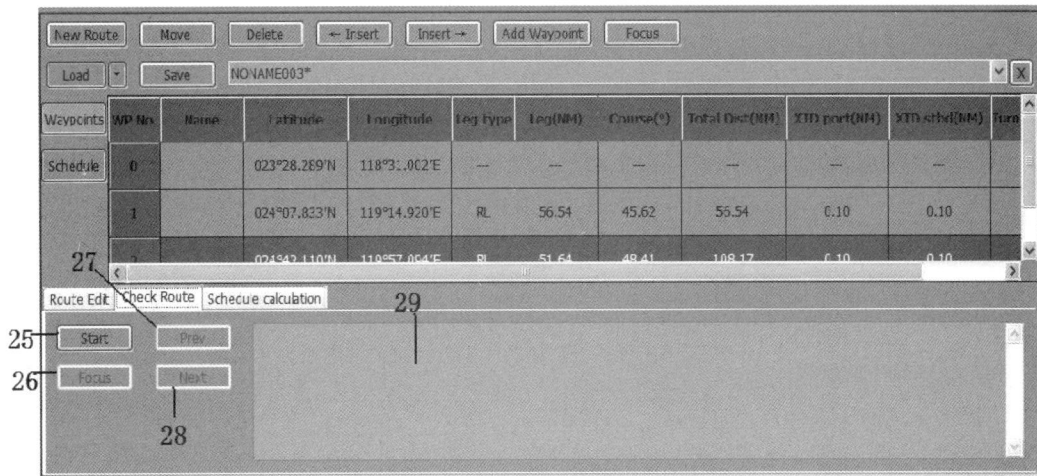

图 8-59　航线设计窗口

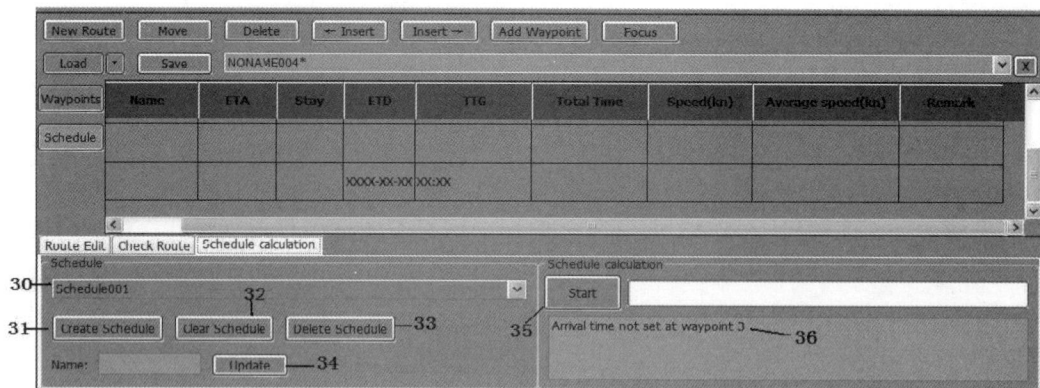

图 8-60　航次计划窗口

表 8-2　航线设计按钮功能表

编号	功能	操作
1	新建航线	左键单击该按钮后,鼠标焦点自动跳转到海图区域并变为十字线,单击鼠标左键增加航路点,单击鼠标右键停止增加且鼠标退出海图焦点
2	海图上移动编辑一个	左键单击该按钮后,鼠标焦点自动跳到海图区并变为红色"回"字形图标。首先将图标移至对应转向点,然后单击左键选中,如果鼠标没选在转向点上而是选在两个转向点之间的航线上,则此时选中的是两个转向点中序号大的,此时移动鼠标即可移动转向点的位置;然后单击左键确定移动,或单击右键取消移动,重复操作可移动多个转向点,最后单击右键退出移动转向点
3	删除转向点	删除表格中所选的转向点
4	向前插入转向点	在表格中选中转向点,就会在该转向点的前面添加新的转向点
5	向后插入转向点	在表格中选中转向点,就会在该转向点的后面添加新的转向点
6	添加转向点	左键单击该按钮后,鼠标焦点自动跳转到海图区并变为红色"回"字形图标: 1. 在两个转向点之间的航线上单击鼠标左键,则在两个转向点之间插入一个转向点。 2. 鼠标左键单击首末转向点,则在起点或终点外新插入转向点;移动鼠标到新转向点的位置,单击左键确定插入新转向点,或单击右键取消插入,最后单击右键退出插入转向点
7	全屏显示选中的航线	左键单击该按钮,选中的航线自动全屏中心显示
8	加载航线	左键单击下拉列表,选择加载已存的航线
9	转向点列表	显示选中航线的所有转向点,鼠标双击相应表格,可编辑相应转向点信息

表 8-2(续 1)

编号	功能	操作
10	航次计划表	左键单击显示航次计划表,可以在表格中双击添加名字、预计到达时间、开始时间、结束时间、转速、备注等信息
11	航线编辑属性页	左键单击,显示选中航线的信息
12	修改航线名	手动输入新航线名
13	修改航线起始地点	手动输入航线新起始地点
14	确定更新航线信息	左键单击该按钮,确定更新航线信息
15	取消更新航线信息	左键单击该按钮,取消更新航线信息,恢复显示更改前的航线信息
16	整体移动航线位置	左键单击按钮,鼠标焦点自动跳转到海图区中心并变为十字线,使用鼠标左键单击选择一个转向点,然后拖动鼠标,就出现一个以所选择的转向点为中心的活动距标圈,选择好航线偏移的方位与距离后,再次单击鼠标左键确认移动,或单击鼠标右键取消移动
17	航线反向	左键单击按钮,选中航线的方向反向,即第一个转向点变成最后一个转向点
18	删除航线	左键单击该按钮,从系统中删除选中航线
19	航线拼接	左键点击该按钮,选择要连接的航线名称,可实现两条航线的首尾拼接
20	打印预览	左键点击该按钮,预览打印页面
21	打印	左键点击该按钮,打印预览页面
22	检查航线	航线检查菜单
23	已加载航线名列表	左键单击下拉列表,选择显示相应的航线的信息
24	航线检测属性页	左键单击该按钮,显示航线检测操作界面
25	开始航线检测	左键单击该按钮,开始进行航线检测,在编号 30 中显示检测的结果信息
26	显示当前警告的部分	左键单击该按钮,航线中心显示当前警告的两转向点间的航线
27	查看前一条警告	左键单击该按钮,查看前一条警告,在编号 30 中显示
28	查看后一条警告	左键单击该按钮,查看后一条警告,在编号 30 中显示
29	显示航线检测的信息	在该文件框中显示航线检测的信息
30	已新建的航次计划估算	点击下拉菜单键,可以在列表中选择加载航次计划
31	创建航次计划表	左键单击该按钮,新建航次计划表
32	清除航次计划表	左键单击该按钮,清除航次计划表
33	删除航次计划表	左键单击该按钮,删除航次计划表
34	更新航次计划名	在文本框中输入要更改的航次名,点击该按钮更新

表 8-2(续 2)

编号	功能	操作
35	航次表计算	左键单击,开始航次表计算
36	航次表计算信息	文本框中显示航次表计算的信息

（6）Charts

海图管理显示窗口,如图 8-61 至图 8-63 所示。图 8-61 中各编号处表示的功能见表 8-3。图 8-62 中各编号表示的功能见表 8-4。图 8-63 中各编号表示的功能见表 8-5。

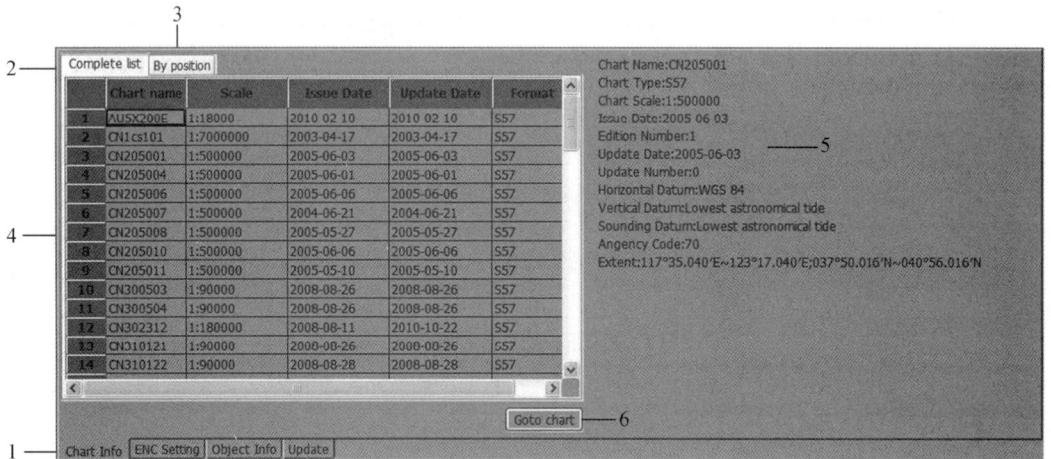

图 8-61　海图管理显示设置窗口（1）

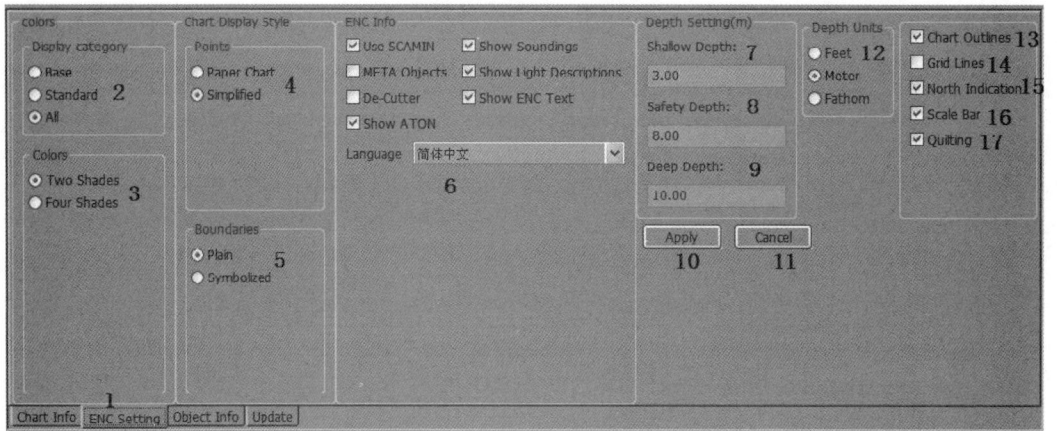

图 8-62　海图管理显示设置窗口（2）

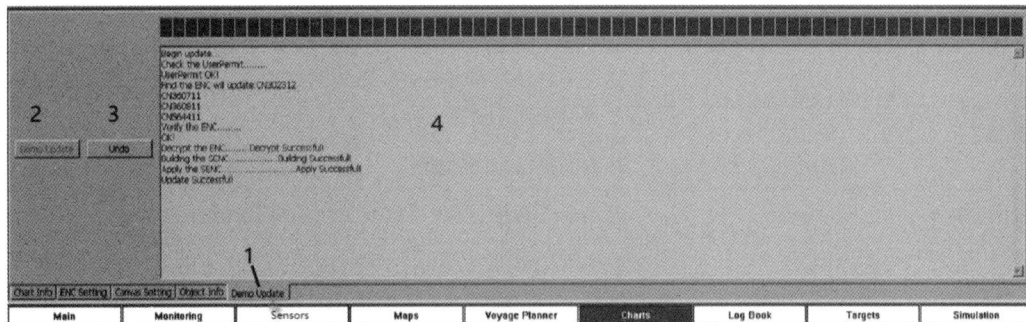

图 8-63 海图管理显示设置窗口(3)

表 8-3 Charts 功能(1)

编号	功能	操作
1	海图信息页	左键单击该选项页,显示系统中所有海图信息
2	显示所有海图	左键单击该选项页,显示系统中所有海图列表
3	显示船位处海图	左键单击该选项页,显示船位处所含海图列表
4	海图列表	左键单击在海图列表选择海图,在编号 5 中显示该海图详细信息
5	显示海图信息	显示所选海图的详细信息
6	显示该海图	左键单击该按钮,在海图显示区显示该海图

表 8-4 Charts 功能(2)

编号	功能	操作
1	海图显示信息设置页	左键单击该选项页,显示海图信息设置
2	海图信息显示模式	左键单击该按钮,选择系统中海图显示模式。基本显示、标准显示、全部显示
3	海图颜色显示模式	左键单击单选按钮,选择系统中海图颜色显示模式:双色、四色
4	点物标显示模式	左键单击单选按钮,选择系统中点物标显示模式:传统、标准
5	边界显示模式	左键单击单选按钮,选择系统中边界显示模式:简单、复杂
6	海图信息选择	左键单击复选框,控制开启或关闭。海图信息选择包括以下几方面:仅显示重要文字、显示水深、显示元物标、显示灯标属性、去除杂物文本、显示海图文字、显示助航物标
7	设置浅水水深	手动输入(单位:米)
8	设置安全水深	手动输入(单位:米)
9	设置深水水深	手动输入(单位:米)
10	应用水深设置	左键单击该按钮,应用水深设置
11	取消水深设置	左键单击该按钮,取消水深设置并恢复到原水深设置

表 8-4(续)

编号	功能	操作
12	水深单位	左键点击勾选水深单位值,海图上的水深值与勾选的单位一致。由上至下依次为英尺、米、英寸
13	海图边框	左键单击复选框,控制开启或关闭每张海图边框的显示
14	经纬线	左键单击复选框,控制开启或关闭经纬线网显示
15	真北向	左键单击复选框,控制开启或关闭界面左上方真北向箭头显示
16	比例尺	左键单击复选框,控制开启或关闭比例条显示
17	海图拼接	左键单击复选框,控制开启或关闭海图拼接显示

表 8-5 Charts 功能(3)

编号	功能	操作
1	海图升级页	左键单击该选项页,显示海图升级页面
2	开始升级	左键单击该按钮,开始升级海图,同时在编号 4 中显示升级日志
3	取消升级	左键单击该按钮,取消升级海图,同时在编号 4 中显示日志
4	显示升级信息	显示升级的相关信息

(7)Log Book

Log Book 菜单界面如图 8-64 所示,图中各编号表示的功能见表 8-6。

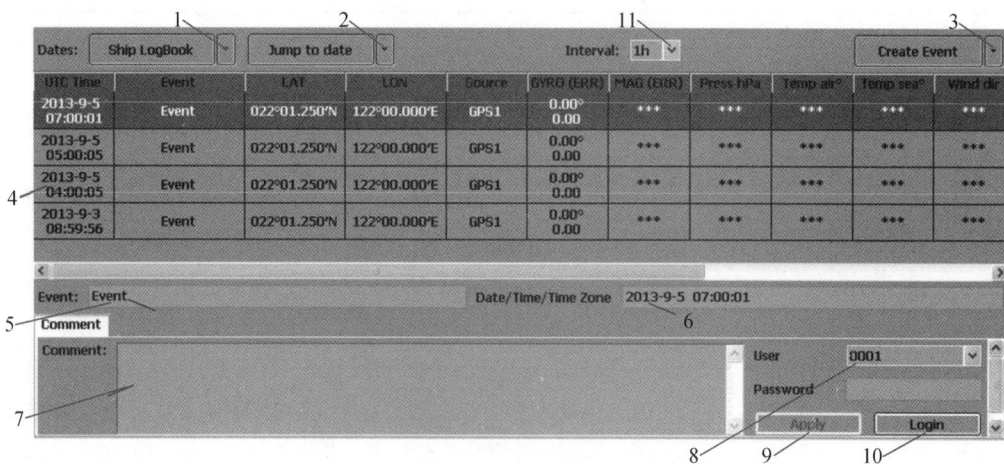

图 8-64 Log Book 窗口

表 8-6 Log Book 功能

编号	功能	操作
1	选择某年某月船舶日志	左键单击该下拉列表,选择要查看某年某月的船舶日志
2	选择某天船舶日志	左键单击该下拉列表,选择要查看某天的船舶日志
3	选择事件类型	左键单击该下拉列表,选择要创建的事件类型
4	船舶日志列表	按照编号 1 和编号 2 的设置,显示对应时间的船舶日志,每小时自动添加船位信息,除备注信息,其他都不能更改或删除,并永久保存
5	事件类型	显示编号 4 中所选中日志的事件类型
6	时间	显示编号 4 中所选中日志的具体时间
7	备注	显示编号 4 中所选中日志的备注信息
8	用户名信息	下拉列表选择用户名并手动输入密码(本系统中密码与用户名相同)
9	登录与退出	1. 显示"Login",左键单击该按钮,进行用户验证,成功后,"Login"变为"Log Out"; 2. 显示"Log Out",左键单击该按钮,退出登录,"Log Out"变为"Login"
10	确认编辑	当编号 9 成功登录后才可用,当编号 7 中的信息更改后,左键单击该按钮,则保存编号 7 中的信息
11	自动记录时间间隔	自动记录时间间隔可以改为 1,2,3,4 个小时

(8)Targets

Targets 是一个"目标信息列表",在该菜单中将给用户提供详细的物标信息。如图 8-65 所示。

①Show Targets:共有 2 种物标可供选择显示,分别是 AIS、ARPA,另外 Track 按钮可用于显示目标的尾迹。

②AIS Target Indentification(目标识别):分为 4 种,依次为海上移动识别码识别、电台呼号识别、船名识别、不显示。

③Warning 区域,可供用户设置目标船的 CPA 和 TCPA 值。

④目标信息显示区域,提供目标的信息有 MMSI(码)、Name(名称)、CPA(最小会遇距离)、TCPA(最小会遇距离时间)、COG(航迹向)、SOG(对地航速)、Range(与本船的距离)、Bearing(相对本船的方位)。

当用户需要查看某个目标船的信息或该目标船的位置时,只需鼠标点击相应目标船的信息一栏,海图区域将自动跳动至该目标船位置(模式选择 FM),如图 8-66 所示。

用户还可根据实际操作或练习的需要,设置 CPA 值和 TCPA 值的范围,当有目标船的这两个值小于或等于该设定值时,如图 8-67 所示,目标船处将呈现红色状态(图中方框处)。

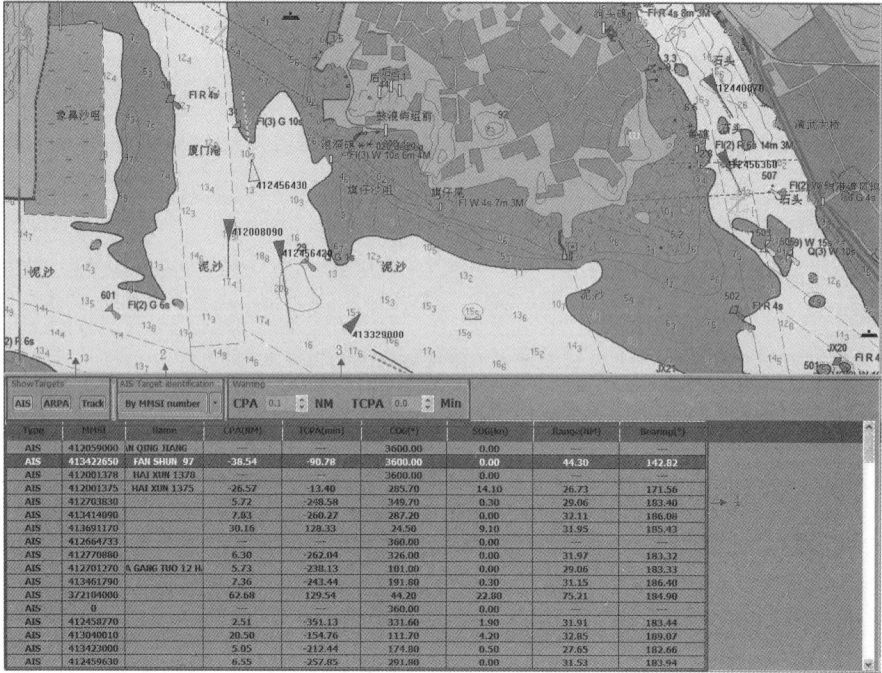

图 8-65　Targets 窗口信息

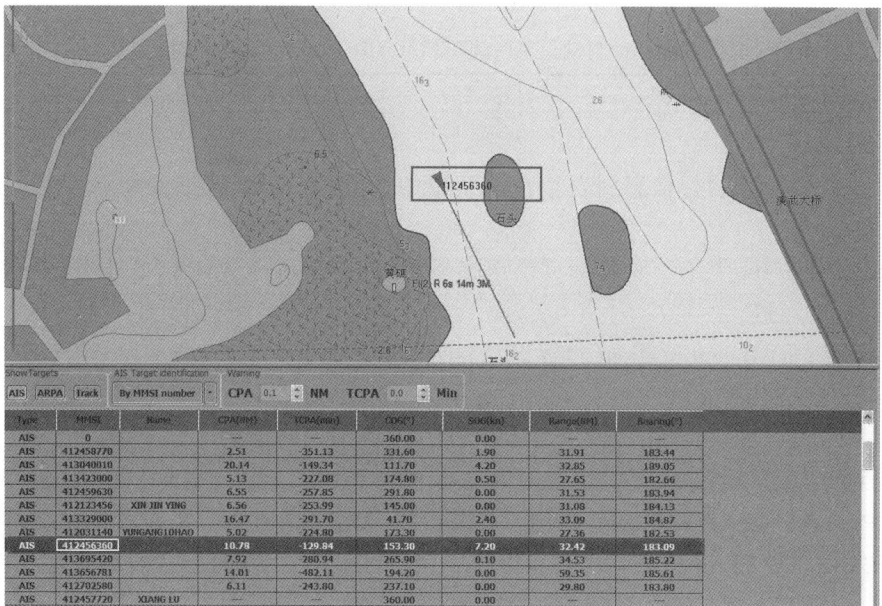

图 8-66　AIS/ARPAR 目标列表

（9）Simulation

在 ECDIS 端，系统特意设计添加了"Simulation"（模拟）功能，如图 8-68 所示，以便学生模拟船舶各类操作。

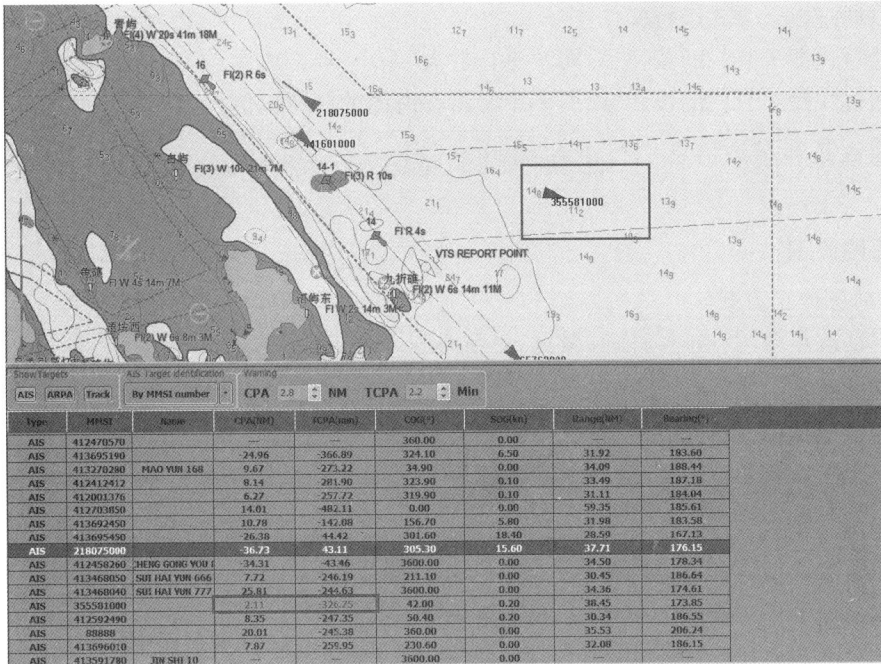

图 8-67　小于自定义 CPA/TCPA 物标显示

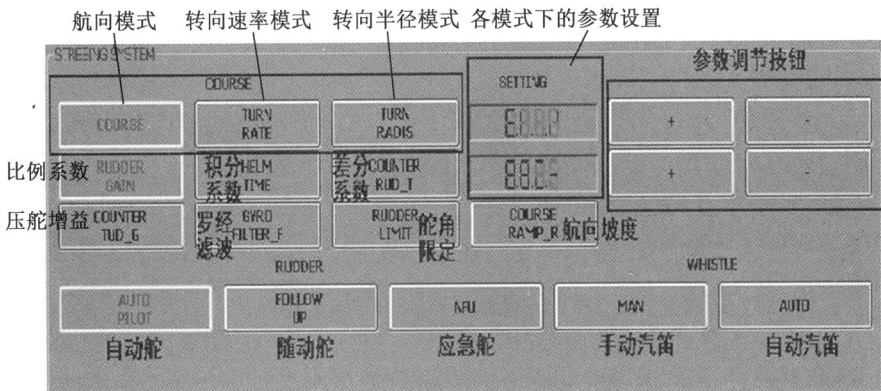

图 8-68　模拟操舵系统

三、常用功能操作

1. 电子海图数据操作

（1）电子航海图数据查询

① 选择 `Charts`。

② 选择 `Chart Info` 选项，显示系统所有海图列表。

③ 在海图列表中任选一张海图，则可查看到电子航海图数据调用、出版、发行与改正信息

（2）电子海图比例尺变更操作

可以通过以下方式进行操作：

①通过快捷工具栏的按钮，对海图进行放大、缩小、局部放大。

②通过快捷工具栏的按钮，以屏幕中心所在海图的制图比例尺大小显示海图。

③通过选择右边信息栏的 1:7,500,000 海图比例尺，显示海图。

2. 海图改正

（1）海图改正方式

①自动改正海图：通过海图升级页，更新海图。

②手动改正海图：通过 Edit 、 Shift 以及结合对光标、电子方位线和活动距标圈的设置与使用，对海图进行手动改正。

（2）数据更新检验

上述（1）中的操作①，更新海图后，有详细的记录供检查。操作②的手动改正后，在改动历史中也有详细的记录，包括描述、位置、更新的时间。

3. 系统显示

（1）光标、EBL/VRM 的设置与使用

①光标的使用：在海图区移动光标，在状态栏显示当前光标处位置的经纬度、与本船的距离和真方位。

②电子方位线和活动距标圈的使用。

（2）认识不同种类的电子海图

操作 ECDIS 系统，分别显示不同电子海图，从这些不同种类的海图数据的显示特点识图认识海图，并要熟悉光栅海图显示方式的局限性（详细请见理论部分）。

（3）ECDIS 的显示方式

该系统包含以下三种显示方式：

①真北显示：鼠标左键单击工具栏中的 ，在其左边弹出 三种显示方式，单击 选择真北显示，则此时系统采用真北向上显示。

②艏向上显示：鼠标左键单击工具栏中的 ，在其左边弹出 三种显示方式，单击 选择艏向上显示，则此时系统采用船首向上显示，海图区按船首向上旋转。

③航向向上显示：鼠标左键单击工具栏中的 ，在其左边弹出 三种显示方式，单击 选择航向向上显示，则此时系统采用航向向上显示，海图区按航向向上旋转。

（4）雷达、ARPA、AIS、测深仪、罗经、计程仪等设备信息的显示。

①雷达信息显示控制：

a. 鼠标左键单击右边信息栏顶部的 OVERLAY ，控制是否叠加雷达回波。

b. 鼠标左键单击右边信息栏中部的 Radar Settings 功能选择列表，选择【Radar Settings】，显示雷达信息控制页面（备注：若未成功开启 OVERLAY ，则该页面不可用）。

②ARPA 信息显示控制：

a. 鼠标左键单击右边信息栏顶部 ARPA 按钮，控制是否叠加 ARPA 信息。

b. 开启【ARPA】叠加后，如果主雷达中有捕获物标，则在海图区上显示【ARPA】物标，并在面板的列表中显示【ARPA】的详细信息。

③AIS 信息显示控制：

a. 鼠标左键单击右边信息栏顶部的 AIS 或 Targets 面板左上的 AIS 按钮，控制是否叠加 AIS 信息。

b. 开启【AIS】叠加后，海图区中显示【AIS】目标船，并在 Targets 面板中的列表中显示【AIS】目标船的详细信息。

④测深仪信息：

鼠标左键单击右边信息栏中部的 Environment Data 功能选择列表，选择【Environment Data】，显示环境信息页面，在最下端的位置显示水深，如下 Water Depth(m): 0.0 。

⑤罗经、计程仪信息：

在右边的信息栏中部查看罗经、计程仪信息。

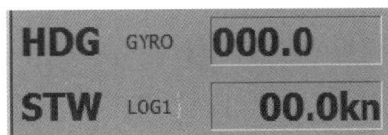

HDG GYRO 000.0
STW LOG1 00.0kn

（5）本船与他船航行矢量的设置与显示

①航行矢量长度：在右边信息栏下面，鼠标左键单击设置航行矢量时间长度，它同时作用于本船与他船。

②本船航行矢量显示：控制是否显示船首矢量线、航向矢量线、罗经矢量线。

③目标船航行矢量显示：默认全部开启。

（6）不同矢量稳定模式显示

①真矢量显示：鼠标左键单击工具栏中的 FM ，在其左边弹出 FM TM RM 三个

按钮,单击 ![TM] 选择真矢量显示,则此时系统采用真矢量显示。

②相对矢量显示:鼠标左键单击工具栏中的 ![FM],在其左边弹出 ![FM TM RM] 三个按钮,单击 ![RM] 选择相对矢量显示,则此时系统采用相对矢量显示。

(7)不同背景显示的使用

系统包含以下三种背景显示方式。

①白天:鼠标左键单击顶部右边工具栏中的 ![☀],系统切换到白天显示模式。

②傍晚:鼠标左键单击顶部右边工具栏中的 ![☾],系统切换到傍晚显示模式。

③夜晚:鼠标左键单击顶部右边工具栏,系统切换到夜晚显示模式。

(8)报警信息显示与确认处理及在系统的右边信息栏显示报警信息

①报警确认:当出现报警时,文本框中闪烁显示报警说明,鼠标左键单击闪烁文字,确认报警。

②查看报警:鼠标左键单击下拉按钮,显示查看报警列表。

四、航线设计与航次计划

航次计划是指船舶从一个码头到另一个码头的完整航行过程的计划。MTI-E2000 ECDIS模拟器设计了接近于真实情况下的航次计划表。此处主要介绍功能上的使用。

1. 航线设计

(1)新建航线

点击 ![New Route],新建一条航线,光标即跳跃至海图中,移动光标至所需要的位置,单击左键即可设置一转向点,在尽量大比例尺的海图中划出航线,到最后一转向点确定后点击鼠标右键,即完成一条航线所有转向点的设置。这时在Waypoints列表中即会出现下列信息,如图8-69所示。

在Name一栏中可填入相应转向点的名字。

Position(Latitude,Longitude)Leg/Course是系统直接根据光标所点击的位置读取,不过相关点的经纬度信息可手动在此处进行修改,也就是说当用户进行编辑航线的时候,可以有多重选择,可以在海图上直接"画",也可以把已知的经纬度信息通过手动输入获得。

XTD & Turn Radius系统默认的初始值都是0.1,当然用户也可以根据实际情况进行修改。在数值相同的情况下,XTD航迹偏移量如图8-70所示;2号转向点处的XTD值不同时,则如图8-71所示。

Turn Radius是指转向点处的转向幅度,用户可以调节此数值使得转向点处的转向更加平滑。(当前版本中此处功能尚未实现,我们将在之后的系统升级中对其进行升级改造)

在保存一条航线之前,用户还可以对该航线转向点进行再编辑、删除、移动等操作。

在Route Edit区域可以对本航次计划的名字、出发港、目的港等信息进行修改,修改之后直接点击"Update"即可。

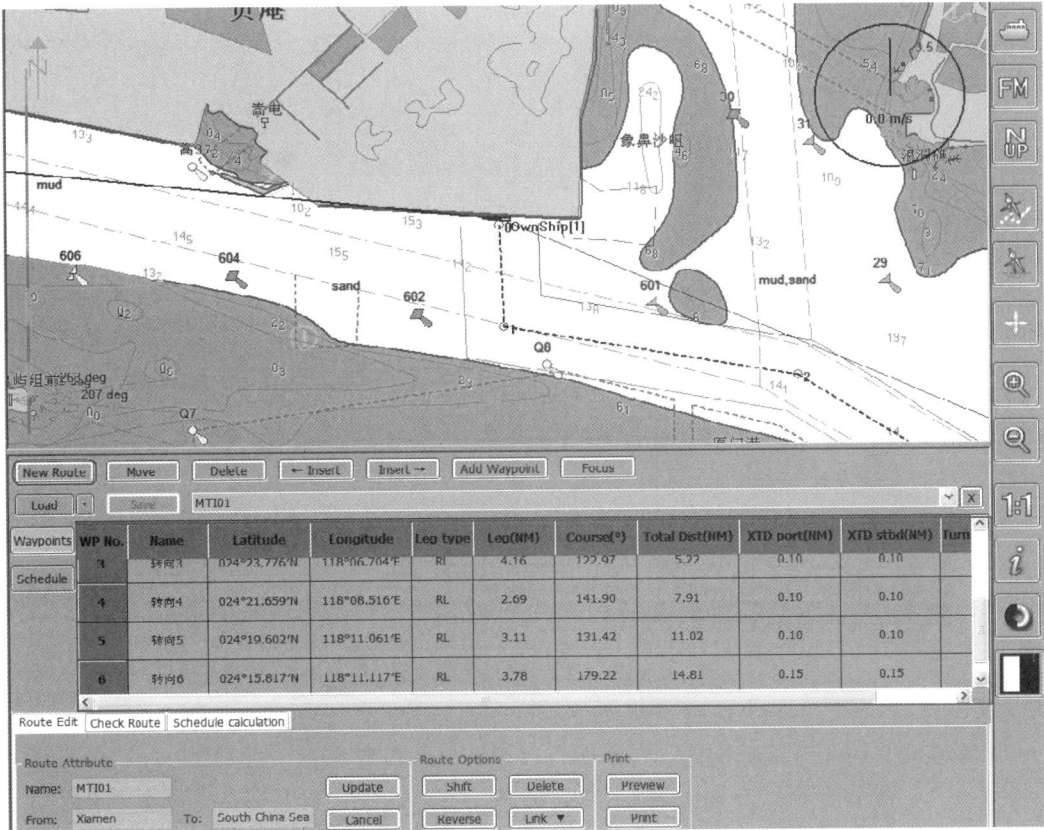

图 8-69　转向点列表示例图

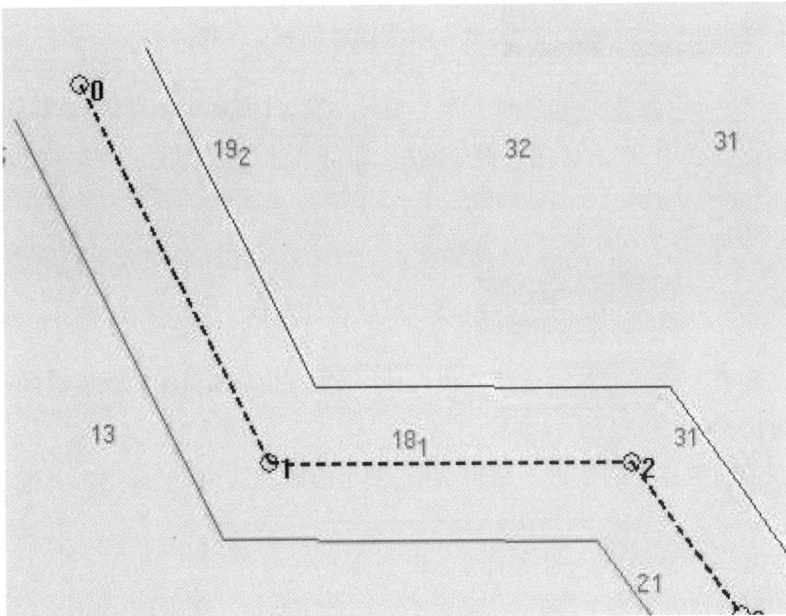

图 8-70　XTD 数值相同情况

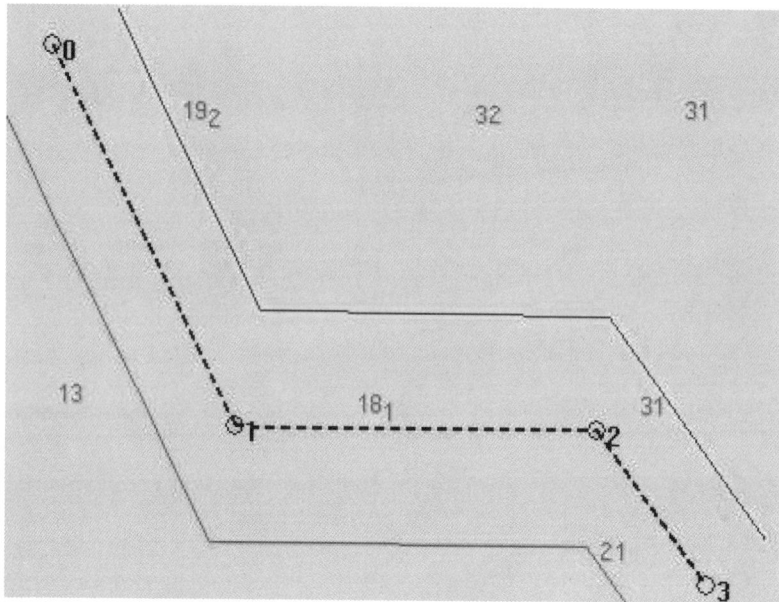

图 8-71　XTD 数值不同情况

编辑航线之后须对该航线进行安全检查以保证航线的安全性,在"Check route"中可实现该操作。按 [Start] 键即可开始,检查之后所有问题将会被呈现于右边的显示框中。用户可以根据显示框中提示的内容逐个排查。

(2)编辑已有航线

①鼠标左键单击 [Voyage Planner],进入航线设计面板。

②鼠标左键单击 [Load ▾],选择并载入目标航线,此时即可编辑该航线的所有信息。

③在转向点列表中,双击转向点对应的值,即可手动设置航线左边与右边的安全偏航距离值。

(3)输入、添加、移动和删除转向点

①鼠标左键单击 [Voyage Planner],进入航线设计面板。

②鼠标左键单击 [Load ▾],选择并载入目标航线,此时即可编辑该航线的所有信息。

③利用鼠标光标可以添加、移动转向点。

④鼠标双击转向点中的值进入编辑状后,便可修改相应值,鼠标点击其他地方则退出该值的编辑。

⑤鼠标左键单击 [Route Edit],进入航线编辑页面。

⑥选中转向点列表中某个转向点,鼠标左键单击"delete",删除该转向点。

⑦选中转向点列表中某个转向点,鼠标左键单击 [Waypt Options],则以当前选中转向点中除经纬度外的对应值作为新转向点的默认值,向下新增一个转向点,然后可以手动编辑

该转向点。

(4)航线的反向使用

①鼠标左键单击 **Voyage Planner**,进入航线设计面板。

②鼠标左键单击 Load ▾,选择并载入目标航线,此时即可编辑该航线的所有信息。

③鼠标左键单击 Route Edit,进入航线编辑页面。

④鼠标左键单击 **Route Options** 下的 Reverse,航线反向,航线的起点和终点需手动更改。

(5)对航线进行安全检查

①鼠标左键单击 **Voyage Planner**,进入航线设计面板。

②鼠标左键单击 Load ▾,选择并载入目标航线,此时即可编辑该航线的所有信息。

③鼠标左键单击 Check Route,进入航线安全检测页面。

④开始航线检测,鼠标左键单击向上或向下查看警告信息,鼠标左键单击显示当前警告信息对应的部分航线。

2. 航次计划表操作

航次计划表的操作界面如图 8-72 所示。

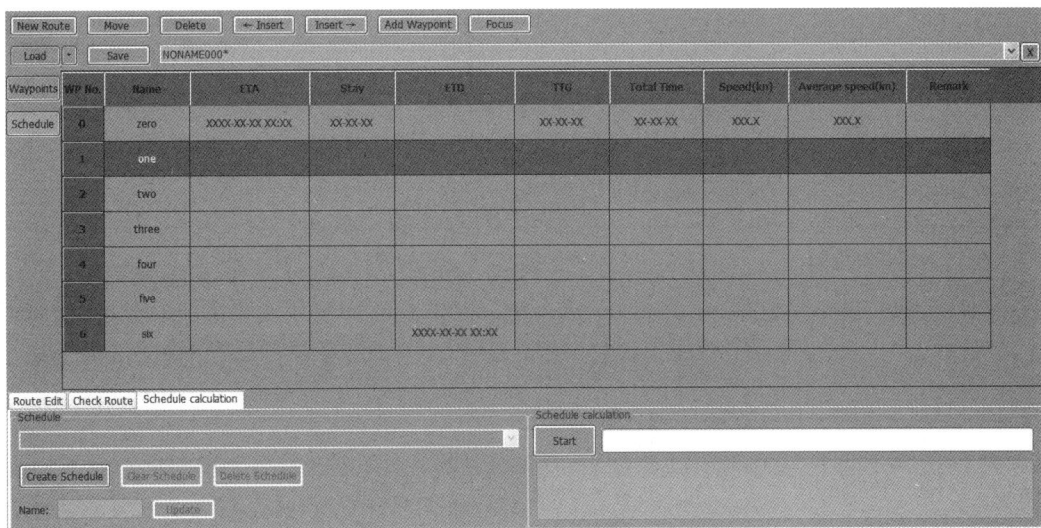

图 8-72 航次计划表示操作界面

单击左侧 Schedule 按钮,将会出现一张空白的航次计划表。

(1)在该表格中填入出发时间和到达时间,即第一个转向点的 ETD 和最后一个转向点处的 ETA("X"处为不可输入),同时用户也可以选择在某个转向点处停留,在"Stay"一栏中输入相应的停留时间,还可以对某段航程间船舶的行进速度进行设置。用户根据需要设置完相关参数之后,在"Schedule calculation"处选择单击"calculation"键,系统会自动解算出各个航程间相应的参数。当未按要求操作,出现漏输入某个必需的参数就点击 Start 键时,此时在右下方的信息提示框中,系统将会给出相应的提示。对于用户自己输入的参数,系统以默认的红色显示,如图8-73中的方框中所示。

WP No.	Name	ETA	Stay	ETD	TTG	Total Time	Speed(kn)	Average speed(kn)	Remark
3	three	2013-01-18 16:21		2013-01-18 16:21	0d 00h 24m	0d 01h 51m	5.2	5.2	
4	four	2013-01-18 16:29		2013-01-18 16:29	0d 00h 07m	0d 01h 59m	8.0	8.0	
5	five	2013-01-18 16:41		2013-01-18 16:41	0d 00h 12m	0d 02h 11m	5.2	5.2	
6	six	2013-01-18 17:03		2013-01-18 17:03	0d 00h 21m	0d 02h 33m	5.2	5.2	
7	seven	2013-01-18 17:22	00d 01h 00m	2013-01-18 18:22	0d 00h 19m	0d 02h 52m	5.2	5.2	
8	eight	2013-01-18 18:32		2013-01-18 18:32	0d 00h 10m	0d 03h 02m	5.2	5.2	
9	nine	2013-01-18 19:33		2013-01-18 19:33	0d 01h 01m	0d 04h 03m	5.2	5.2	
10	ten	2013-01-18 20:35		2013-01-18 20:35	0d 01h 02m	0d 05h 05m	5.0	5.0	
11	eleven	2013-01-18 20:44		2013-01-18 20:44	0d 00h 08m	0d 05h 14m	5.2	5.2	
12	twelen	2013-01-18 20:53		2013-01-18 20:53	0d 00h 08m	0d 05h 23m	5.2	5.2	
13	thirteen	2013-01-18 20:59	00d 02h 00m	2013-01-18 22:59	0d 00h 06m	0d 05h 29m	5.2	5.2	
14	fourteen	2013-01-18 23:09		2013-01-18 23:09	0d 00h 09m	0d 05h 39m	5.2	5.2	
15	fifteen	2013-01-18 23:18		2013-01-18 23:18	0d 00h 08m	0d 05h 48m	5.2	5.2	
16	sixtheen	2013-01-18 23:22		2013-01-18 23:22	0d 00h 04m	0d 05h 52m	5.2	5.2	
17	seventeen	2013-01-18 23:30		XXXX-XX-XX XX:XX	0d 00h 07m	0d 06h 00m	5.1	5.1	

图8-73　航次计划计算示例图

(2)计算船舶的ETA。在第一个转向点处输入ETD,然后在每个转向点处输入计划速度,然后再按"Schedale calculation"键,系统即可自动解算出本船到达每个转向点以及目的地的ETA,操作如图8-74、图8-75所示。

在同一个航次计划当中,用户可以根据需要编辑多个航次计划表,因此该系统在"Schedule calculation"中提供多个选择,如图8-76所示。下拉框中显示的"figure"为某个航次计划表的名字,该名字可以在 Update 处输入,单击 Name: 即可,点击下拉菜单钮可以显示并提供选择多条已编辑好的航次计划表。

Create Schedule 是新建航次计划表,在点击该键之后,会清空上一次编辑的航次计划表中的相关参数。除了用户手动输入的参数之外,其他由系统自动计算出来的参数也将被清除掉。用户可更改参数,然后按 Start 键重新开始。用户每点击一次时,下拉菜单栏中就会生成一个新的航次计划表。每个航次可以根据需要设计多个不同的航次计划表并存储于系统之中。

Clear Schedule 键作用为清除当前下拉菜单中所选中的计划表内容。

Delete Schedule 键作用为删除当前下拉菜单中所选中的计划表。

	WP No.	Name	ETA	Stay	ETD	TTG	Total Time	Speed(kn)	Avera
Waypoints									
Schedule	0	zero	XXXX-XX-XX XX:XX	XX-XX-XX	2013-01-21 13:30	XX-XX-XX	XX-XX-XX	XXX.X	
	1	one						5.0	
	2	two						5.0	
	3	three						5.0	
	4	four						5.0	
	5	five						5.0	
	6	six			XXXX-XX-XX XX:XX			5.0	

New Route | Move | Delete | ← Insert | Insert → | Add Waypoint | Focus
Load | Save | MTI*

Route Edit | Check Route | Schedule calculation

Schedule
Schedule001
Create Schedule | Clear Schedule | Delete Schedule
Name: | Update

Schedule calculation
Start

图 8-74 输入 ETD(方框中内容)

	WP No.	Name	ETA	Stay	ETD	TTG	Total Time	Speed(kn)	Avera
Waypoints									
Schedule	0	zero	XXXX-XX-XX XX:XX	XX-XX-XX	2013-01-21 13:30	XX-XX-XX	XX-XX-XX	XXX.X	
	1	one	2013-01-21 13:33		2013-01-21 13:33	0d 00h 03m	0d 00h 03m	5.0	
	2	two	2013-01-21 13:42		2013-01-21 13:42	0d 00h 09m	0d 00h 12m	5.0	
	3	three	2013-01-21 14:32		2013-01-21 14:32	0d 00h 49m	0d 01h 02m	5.0	
	4	four	2013-01-21 15:05		2013-01-21 15:05	0d 00h 32m	0d 01h 35m	5.0	
	5	five	2013-01-21 15:42		2013-01-21 15:42	0d 00h 37m	0d 02h 12m	5.0	
	6	six	2013-01-21 16:27		XXXX-XX-XX XX:XX	0d 00h 45m	0d 02h 57m	5.0	

New Route | Move | Delete | ← Insert | Insert → | Add Waypoint | Focus
Load | Save | MTI*

Route Edit | Check Route | Schedule calculation

Schedule
Schedule001
Create Schedule | Clear Schedule | Delete Schedule
Name: | Update

Schedule calculation
Start

图 8-75 计算结果示例图

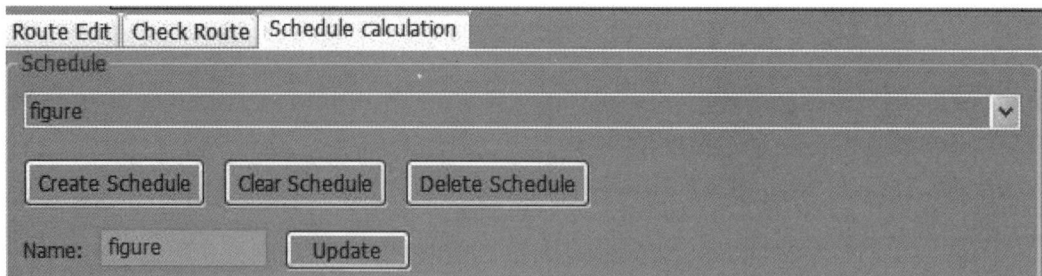

图 8-76　多个航次计划表

五、航行监控

1. 航线监控

（1）调入船舶航行航线

在 Monitoring 菜单中找到"Route"一项，单击下拉菜单，在下拉菜单中将出现系统中设计好并保存的航线，选择需要的航线，海图中即呈现该航线，如图 8-77 所示。

图 8-77　调入船舶航行航线

　　注意：在调入航线之前请确保该航线已经在"Voyager Planner"菜单中编辑设计好并已保存。

　　刚调入的航线将简略地显示于海图中，如图 8-78 所示，航线以红色显示表示开始进行监控。

　　分别点击图 8-79 中的三个按钮，可以将航向偏航距离，转向点名称和航向、航程、计划航速一同显示在电子海图中，显示效果如图 8-80 所示。

　　（2）查验各种提醒和安全监控参数

　　在"Route monitoring"菜单中找到"Alarms"子菜单，在该菜单项中系统提供四种航行安全警报提醒功能，如图 8-81 所示。

　　在 Monitoring 菜单中找到 Safety Alarms 子菜单，在该菜单中，共设计了多种安全监控方法。

　　Safety frame 选项如图 8-82 所示。

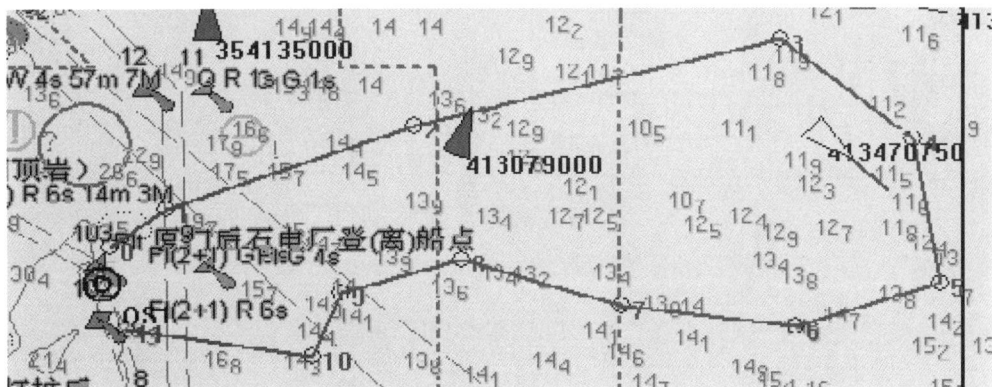

图 8-78 正被监控的航线显示

图 8-79 航线监控参数设置及显示设置

图 8-80 航线标注显示效果

该区域为航向中的本船提供一安全检测范围框,如图 8-83 所示。该区域主要由三部分组成:船首方向、本船左和本船右舷。当各种设置的警报被触发时,系统将出现相应的报警。

Antigrounding alarm 预防搁浅警报,如图 8-84 所示。

该功能中设计四种报警:航行危险、陆地危险、助航物报警、安全等深线。该功能必须在"Safety frame"功能开启时才能生效。当所设置的安全边框区域穿越以上四种警报所存在的区域时即出现警报。

Safety parameters 安全值设置界面如图 8-85 所示。

该区域中系统将提供手动检查海图最大比例尺功能和设置安全水深功能。

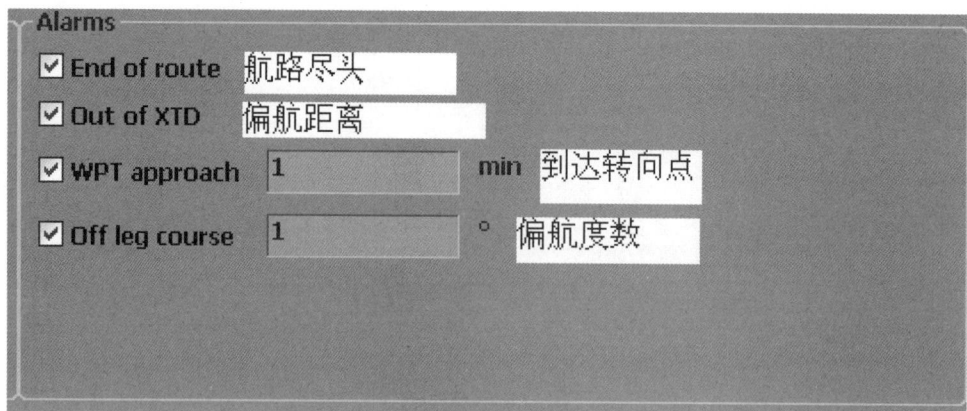

图 8-81　航行监控报警参数设置

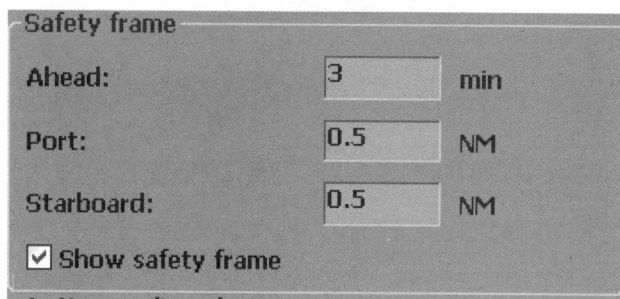

图 8-82　安全检测范围框设置

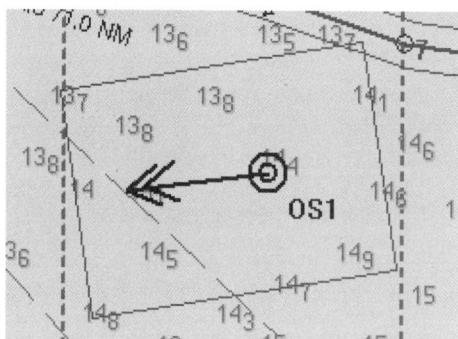

图 8-83　安全检测范围框显示效果

　　如图 8-86 和图 8-87 所示,系统共提供 44 种区域警报设置,用户可根据要求进行选择,该部分警报功能必须和"Safety frame"功能结合使用。

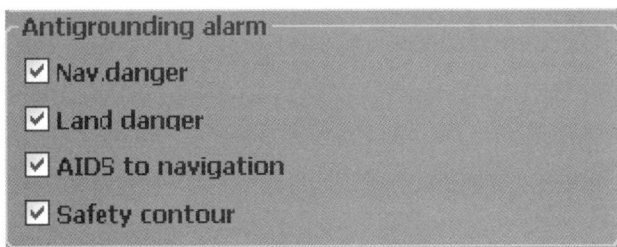

图 8-84　预防搁浅警报

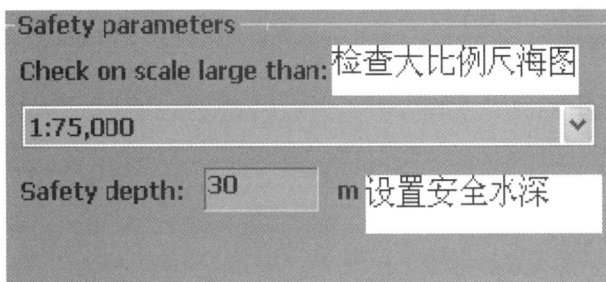

图 8-85　航行监控安全值设置界面

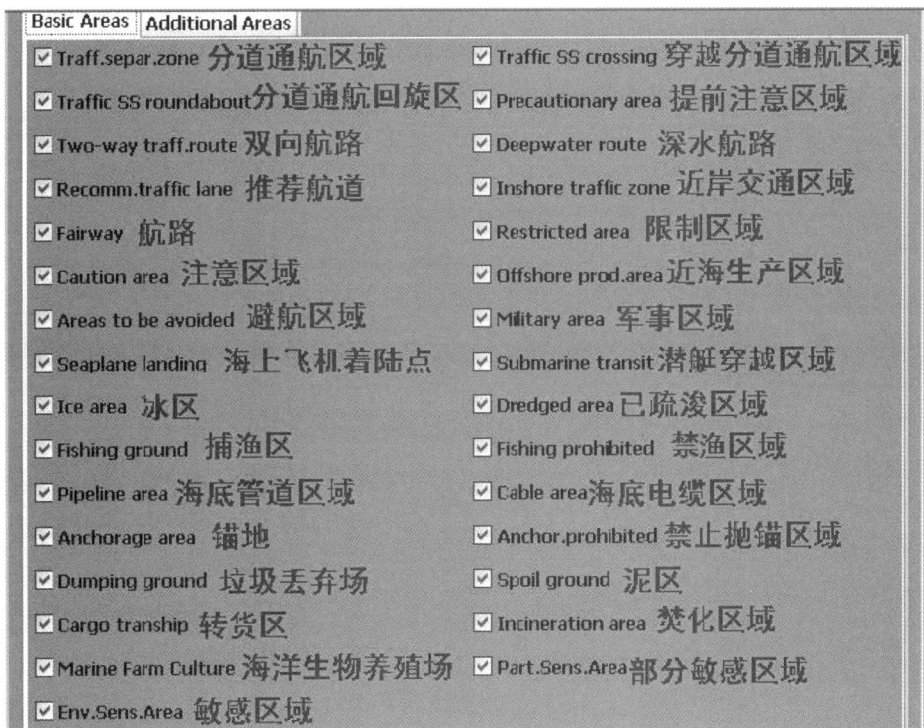

图 8-86　本船穿越区域报警选择窗口

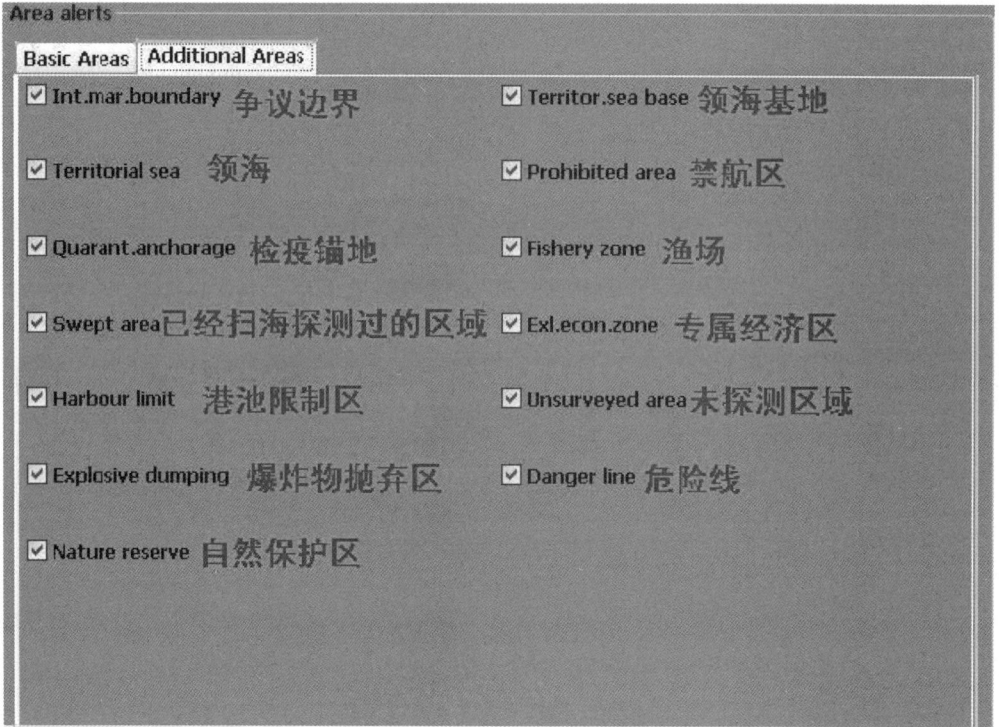

图8-87 其他报警提示区域选择窗口

（3）设定矢量时间

在ECDIS右边菜单栏中找到"Vector"选择下拉菜单，选择矢量时间，该时间菜单包含的矢量时间为1 min～24 min，如图8-88所示。

（4）矢量线显示设置

在"Route monitoring"菜单中选中按钮"COG vector"或"HDG vector"，海图中将显示本船的航迹矢量或船首向矢量，航迹矢量带双箭头，船首向矢量带单箭头。如图8-89所示，选择vector之后，本船航迹矢量将出现。

（5）根据提示转向

在"Router monitoring"菜单中找到"Alarms"子菜单，在该菜单中选择"WPT approach"一项，如图8-90所示，设置好时间，该时间即为达到转向点的时间，满足该设置条件之后，系统即将出现报警，提示即将达到转向点。

（6）查看主、次船位差及处理

在"Navigational Alarms"菜单中，系统设计船位误差报警的设置方法，如图8-91所示。

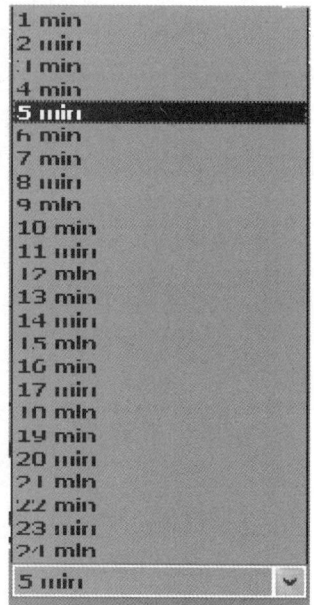

图8-88 长度设置

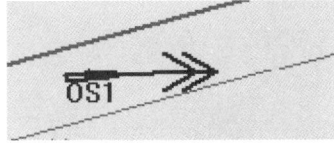

图8-89　矢量线显示效果

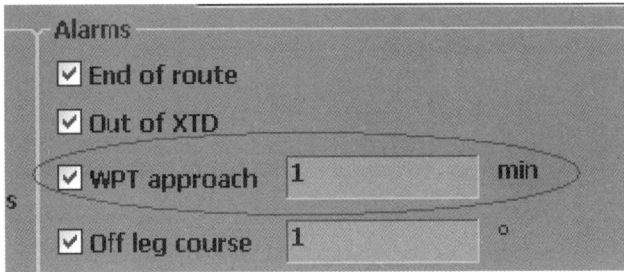

图8-90　提示转向的时间设置

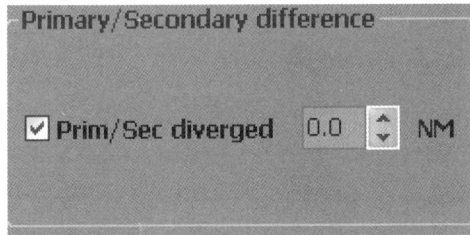

图8-91　查看主、辅航迹的相对状态

小方框中输入的数值为第一和第二种船位源之间的船位差，模拟练习中船位误差达到该值,则系统将出现报警提醒。"主位置源和次位置源"详见"Sensors"菜单说明。

（7）测量坐标、航向、方位和距离

船舶航向是由导航设备的罗经模拟器提供,要测量新航段的航向或某个物标的方位、距离可以用以下方法:

用光标指向新航线或某个物标,在ECDIS系统的底部光标状态栏会显示光标所在点相对于本船的真方位和距离,如图8-92所示。

此时在系统软件的最下方将显示出该物标的经纬度、相对于本船中心的真方位与距离,如图8-93所示。

2. 报警处理

系统设计了前面所述的多种报警功能,另外当系统所连接的仪器设备出现故障时,系统亦会出现相应的报警。系统中共设计连接可用的仪器有GPS、AIS、测深仪、计程仪等。当软件开启之后,若这些仪器未开启,或开启之后出现故障,都可以在软件终端上体现出来,最直接的是在右边菜单栏中报警栏上出现相应的报警,如图8-94所示,提醒使用者检查并排除故障。

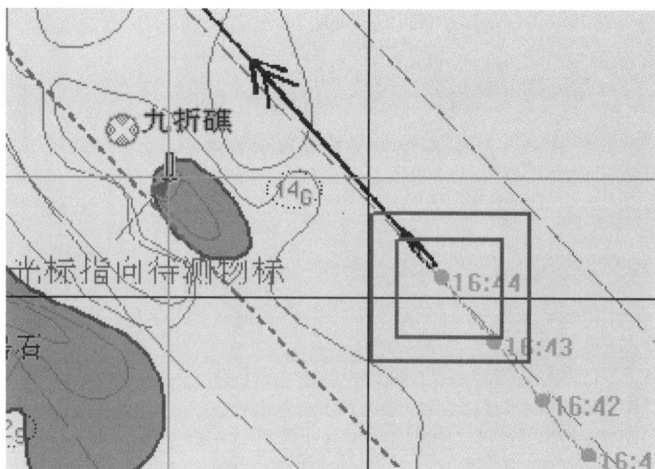

图 8-92　测量坐标、航向、方位和距离

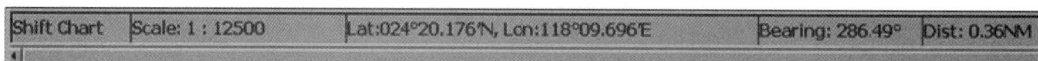

图 8-93　系统显示本船位置、光标方位和距离状态栏

图 8-94　系统报警

　　另外,GPS 出现故障时,在软件终端将会出现多处警报和提醒:本船符号变成红色、船位信息变成红色(表示不可信)、报警栏出现相应报警等等。这时,解决的方法有两种:一种是检查 GPS 是否正常开启,另一种是采取人工定位。

　　当 AIS 出现故障时,报警栏中同样会出现相应的报警,同时海图区域中和"Target"菜单中将不会出现任何 AIS 信息,这时使用者应检查 AIS 是否正常开启。

　　当水深仪 Echo Sounder 出现故障时,报警栏中同样会出现相应的报警,同时系统将无法正确显示水深,这时使用者应检查 Echo Sounder 是否正常开启。

　　当计程仪 Speed Log 出现故障时,报警栏中同样会出现相应的报警,同时 STW 和 SOG 数值将变成红色,并显示错误信息,报警示意图如图 8-95 所示。这时使用者应检查 Speed Log 是否正常开启。

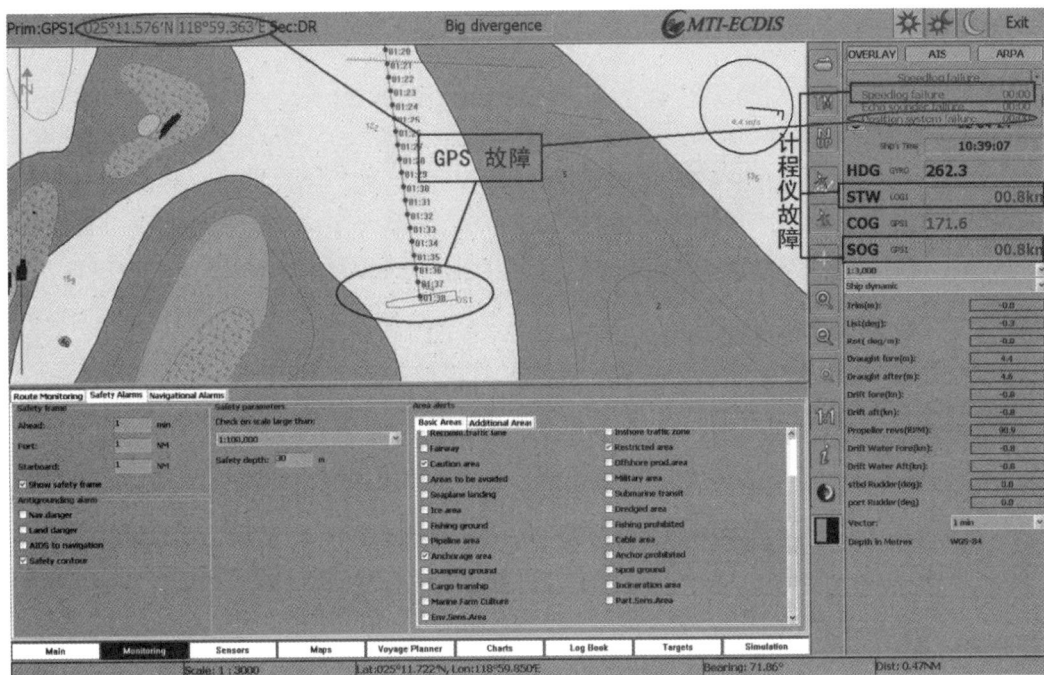

图 8-95　报警示意图

六、航海日志

1. 航行记录相关设置

（1）设定自动记录时间间隔

①船舶日志系统自动每小时记录一次船位事件，不能进行手动更改。

②船舶航迹每秒记录一次船位，不能进行手动更改。

（2）变更船时

系统船时由控制台设置，不能进行手动更改。

（3）按需即时插入记录

①鼠标左键单击 **Log Book** ，进入船舶日志面板。

②选择要创建的事件类型，选择后便自动插入记录。

（4）输入附加数据

①鼠标左键单击 **Log Book** ，进入航行日志面板。

②在事件列表中选择一条记录，便可在船舶日志面板左下方显示该记录的详细信息。

③在船舶日志面板右下方选择用户名并输入密码进行登录，成功后便可在 **Comment**

右边输入附加数据，鼠标左键单击 **Edit** 保存附加数据。

④鼠标左键单击 **Log Out** 退出登录， **Edit** 变为不可用，结束输入附

加数据。

2. 查看航行记录

（1）重现航迹

①本船航迹：

a. 打开航行监控面板 **Monitoring** 。

b. 航迹颜色：鼠标左键单击 **Track color:** [ ] 中的方框，弹出调色板，用户可以自行设置航迹颜色，方框显示选定后颜色。

c. 航迹点时间间隔：鼠标左键单击下拉列表，选择航迹点绘制时间间隔。

d. **1min** [▾] 本船航迹时间设置：设置显示本船多长时间的历史航迹，最长 24 h。

e. 按日期查看本船航迹：鼠标左键单击 **Current** [▾] 下拉列表，选择某天的航迹。

f. 鼠标左键单击 **Focus on Track** ，全屏显示本船航迹。

②目标船航迹：

a. 打开 **Targets** 面板。

b. 鼠标左键单击 **Show Targets** 下的 **Track** 按钮，控制是否显示目标船航迹。

（2）查看航行记录信息

打开 **Log Book** 面板，可查看航行记录。

上述内容描述了 MTI-E2000 电子海图显示与信息系统模拟器的功能及基本操作，通过实际操作练习，有助于提高学员的动手能力，也能更好地掌握相关的理论知识。

附录 A 培训大纲（ECDIS 相关内容）

附表 A-1 使用 ECDIS 保持航行安全

| 使用 ECDIS 导航 | | ECDIS 的使用 |
ECDIS 运行的性能和限制的知识	熟悉地操作，解释和分析从 ECDIS 获取的信息	
1. 全面理解电子导航图（ENC）数据，数据精度，呈现规则，显示选择和其他海图数据格式； 2. 过分依赖的危险性； 3. 熟悉有效的性能标准的所要求的 ECDIS 功能	1. ECDIS 与各类装置中其他导航系统集成功能的使用，包括正确使用功能和调整到所需设置； 2. 安全地监视和调整下列信息，包括：本船位置，海区显示，模式和定向，显示的海图数据，航路监视，用户创建的信息，目标（当接入 AIS 和/或雷达跟踪时）和雷达叠加功能（当接入时）； 3. 使用不同方式确认船位； 4. 充分使用参数设置以确保操作程序的符合性，包括预防搁浅，临近物标和特殊区域的报警参数，海图数据状态的完整性，海图更新状态和备用方案； 5. 了解更新的制作与发布，海图数据的更新（包括手动，半自动，自动更新）； 1. 熟悉电子海图系统的主要类型与系统结构； 2. 掌握矢量海图与光栅海图区别； 3. 熟悉有关 ECDIS 定义与术语； 4. 了解 ECDIS 数据主要特性，如数据定义，数据内容，数据结构，属性，数据质量及精度，数据供应等； 5. 了解定位参考系统； 6. 掌握海图数据显示特征； 7. 掌握 ECDIS 显示数据显示等级范围与选择； 8. 掌握 ECDIS 提供的安全参数； 9. 掌握 ECDIS 自动与手动功能； 10. 掌握各种传感器及其精度要求，故障响应； 11. 了解更新的制作与发布，海图数据更新状态（自动，半自动，自动更新）；	1. 熟悉 ECDIS 系统组成； 2. 熟悉 ECDIS 数据库管理功能； 3. 掌握有关 ECDIS 基本导航功能操作； 4. 掌握 ECDIS 航线设计； 5. 掌握航路监控功能； 6. 了解 ECDIS 与其他系统集成导航； 7. 了解系统管理与记录查询功能； 8. 了解 ECDIS 系统风险 1. 以有助于安全航行的方式监控 ECDIS 信息； 2. 正确地解释和分析从 ECDIS（包括有雷达叠加和或雷达跟踪功能，如装有）获取的信息，并参考其他设备的局限性，所有相连的传感器（包括雷达和 AIS，如连接）以及当时的环境和条件； 3. 通过 ECDIS 控制的航迹保持导航功能（如装有）调节船舶的航向和航速，使船舶的航行安全得以保持；

附表 A-1(续)

使用 ECDIS 导航 ECDIS 运行的性能和限制的知识	熟练地操作、解释和分析从 ECDIS 获取的信息	ECDIS 的使用
1. 全面理解电子导航图(ENC)数据、数据精度、呈现规则、显示选择和其他海图数据格式; 2. 过分依赖的危险性; 3. 熟悉有效的性能标准所要求的 ECDIS 功能	5. 调整设置和数值以适合当前情况; 6. 使用 ECDIS 时的情景意识,包括安全水域和对危险的临近程度,流向和流速,航路的适合性、物标探测和管理,以及传感器的集成性	12. 掌握航线设计功能,包含计划航线计算,航次计划表计算,构建航线,航线安全检测,备用航线及最终航线选用航线存档等; 13. 掌握航路监控技术,包括监测航线测量与计算,开放水域、沿岸及限水域 ECDIS 导航,风流影响等; 14. 掌握 ECDIS 导航中的特定功能; 15. 掌握状态指示、指示器与报警含义及处理方法; 16. 了解典型的解析误差及避免误差的应对; 17. 了解航次记录、操作与回放航迹; 18. 了解过度依赖 ECDIS 的风险 4. 在任何时候都以海员的方式清楚、简要地交流并确认

注:对于不要求配备 ECDIS 的船上的工作人员不要求进行该设备使用方面的培训和评估,但该限制应反映在给当事海员鉴发的鉴证中。

附录 B 电子海图显示与信息系统 (ECDIS) 性能标准

817(19)号大会决议的修正案——电子海图显示与信息系统 (ECDIS) 的性能标准

1. 引言

如本性能标准第 14 节所述,应做出足够的独立后备安排,确保在电子海图显示与信息系统失灵情况下的安全航行,这些安排包括:

(1)能安全执行电子海图显示与信息系统功能的设备,保证电子海图显示与信息系统的失灵不会导致紧急情况;

(2)在电子海图显示与信息系统失灵的情况下,保证剩余航程安全航行的措施。

2. 目的

电子海图显示与信息系统后备系统的目的是确保在电子海图显示与信息系统失灵的情况下不会危及航行安全。这应包括在危急的航行情势下,及时切换至后备系统。后备系统应能使船舶安全航行至航程终点。

3. 功能要求

3.1 要求的功能及其可用性

3.1.1 海图信息的显示

后备系统应以图表形式显示安全航行所需的水文和地理环境的有关信息。

3.1.2 航线计划

后备系统应能实施航线计划功能,包括:

(1)执行原先由电子海图显示与信息系统实施的航线计划;

(2)人工或通过转换航线计划装置调节已计划的航线。

3.1.3 航线监测

后备系统应能执行原先由电子海图显示与信息系统实施的航线监测功能,并至少应提供下述功能:

(1)在海图上自动或手动绘制船舶本身的位置;

(2)从海图中取出航向、距离和方位;

(3)显示拟定的航线;

(4)沿船舶航迹显示时间标记;

(5)在海图上绘制足够数量的点、方位线和距离标记等。

3.1.4 显示信息

如后备系统为电子设备,该系统至少应能显示本性能标准规定的与标准显示信息等同的信息。

3.1.5 海图信息

(1)所使用的海图信息应源于某个政府测绘机构制作的最新版本,并应依据国际航道测量组织的标准。

(2)不能更改电子海图信息的内容。

(3)海图或海图数据的版本和发行日期应给予指明。

3.1.6 更新

由电子海图显示与信息系统后备系统显示的信息应在整个航程中保持最新。

3.1.7 比例

如使用电子设备,应给予指示:

(1)显示的信息是否以大于数据库中的比例显示;

(2)海图是否以比系统提供的更大比例覆盖船舶本身的位置。

3.1.8 如对电子后备显示设备增加雷达和其他航行信息,应符合本性能标准的所有相应的要求。

3.1.9 如使用电子设备,其显示模式和邻近区域的产生应符合本性能标准的要求。

3.1.10 航程记录

后备系统应保持对船舶真实航迹的记录,包括位置和相应的时间。

3.2 可靠性和精确度

3.2.1 可靠性

后备系统应在通常的环境和正常的操作条件下提供可靠的运作。

3.2.2 精确度

精确度应符合本性能标准的要求。

3.3 故障、警告、报警和显示

如使用电子设备,该系统应对系统故障给予适当的显示。

4. 操作要求

4.1 人机工程学

如使用电子设备,该系统的设计应符合电子海图显示与信息系统人机工程学的原理。

4.2 信息显示

4.2.1 后备系统中使用的颜色和符号应依据国际航道测量组织的建议。

4.2.2 如使用电子设备,海图显示的有效尺寸应符合本性能标准的要求。

5. 电源供应

如使用电子设备:

(1)后备电源供电应与电子海图显示和信息系统的电源分开;

(2)满足本电子海图显示与信息系统性能标准的要求。

6. 与其他设备的连接

6.1 如使用电子设备,该设备应:

(1)与有持续定位能力的系统相连接;

(2)不得降低提供感应器输入设备的性能。

6.2 如使用 ENC 海图信息重叠的某些部分的雷达作为后备系统的一部分,该雷达应符合经修正的 A.477(Ⅻ)号大会决议。

海安会 MSC.232(82)决议——经修订的电子海图显示和信息系统(ECDIS)性能标准

1. ECDIS 的范围

1.1 ECDIS 的主要功能是增进航行安全。

1.2 具有足够后备布置的 ECDIS 可以视为符合经修正的 1974 年《SOLAS 公约》第Ⅴ/19 条和第Ⅴ/27 条要求的最新海图。

1.3 ECDIS 应能显示安全和有效航行所需,由政府授权的航道测量机构发出或经其授权分发的所有海图资料。

1.4 ECDIS 应便于电子海图的简单可靠更新。

1.5 与使用纸质海图相比,ECDIS 应减轻航行工作负担。它应使航海人员能用简便和及时的方式进行所有目前在纸质海图上做的航线计划、航线监控和定位工作。它应能连续标绘船舶位置。

1.6 ECDIS 显示也可用于雷达、雷达跟踪目标信息、AIS 和其他相应数据层的显示以帮助航线监控。

1.7 ECDIS 应至少有与政府授权的航道测量机构出版的纸质海图相同的可靠性和显示效能。

1.8 ECDIS 在信息显示或设备故障方面应有适当的报警或指示。

1.9 如相关海图信息未以相应格式提供,一些 ECDIS 设备可以光栅海图显示系统(RCDS)模式操作。

2. 本标准的适用范围

2.1 本性能标准对所有船上的所有 ECDIS 设备的适用范围如下:

(1)专用独立工作站;

(2)作为 INS 一部分的多功能工作站。

2.2 本性能标准适用于 ECDIS 操作模式,RCDS 操作模式的 ECDIS 和 ECDIS 后备布置。

2.3 海图数据的结构和格式、海图数据的加密和海图数据的显示要求在相关 IHO 标准范围之内。

2.4 除 A.694(17)决议中的一般要求和 MSC.191(79)决议中的显示要求外,ECDIS 设备还应满足本标准的要求并遵循本组织通过的人机工程学原理的相关指南。

3. 定义

就本性能标准而言。

3.1 电子海图显示和信息系统(ECDIS)系指一种有足够后备布置,能视为符合经修正的 1974 年《SOLAS 公约》第Ⅴ/19 条和第Ⅴ/27 条要求的最新海图的航行信息系统,可有选择地显示系统电子航海图(SENC)信息及航行传感器的位置信息来帮助航海人员计划航线和监控航线,如有要求,还可显示其他关于航行的信息。

3.2 电子航海图(ENC)系指由政府,或政府授权的航道测量机构或其他相关政府机构发布的与 ECDIS 一起使用的数据库,其内容、结构和格式都已标准化,并符合 IHO 标准。

ENC 包含安全航行所需的所有海图信息,并可包含纸质海图上没有但可视为安全航行所需的补充信息(例如航行指南)。

3.3 系统电子航海图(SENC)系指一个数据库,以制造商内部 ECDIS 格式由整个 ENC 内容及其各次更新的无损转换而成。该数据库由 ECDIS 用于显示生成的海图和其他导航功能,等同于一张最新的纸质海图。SENC 还可包含航海人员增加的信息和其他来源的信息。

3.4 标准显示是在进行航线计划和航线监控时至少应使用的显示模式。

3.5 基本显示不能从显示中消除。基本显示并非用于为安全航行提供足够信息。

3.6 关于 ECDIS 定义的进一步信息可见 IHO 航道测量词典专刊S-32。

模块 A　数据库

4. 提供和更新海图信息

4.1 ECDIS 所使用的海图信息应为政府或政府授权的航道测量机构或其他相关政府机构发布并经官方更新而更正的最新版本,且符合 IHO 标准。

4.2 SENC 的内容应是足够的和最新的,使预定航程能符合经修正的 1974 年《SOLAS 公约》第 V/27 条的要求。

4.3 应不可能改变 ENC 的内容或从 ENC 转换的 SENC 信息。

4.4 各次更新应与 ENC 分开储存。

4.5 ECDIS 应能接受根据 IHO 标准提供的 ENC 数据的官方更新。官方更新应自动应用于 SENC。无论以什么方式得到更新,执行程序不得干扰在用的显示。

4.6 ECDIS 还应能接受手动输入的 ENC 数据的更新,并在最终接收数据前用简单的方式加以验证。这些数据在显示时应同 ENC 信息及其官方更新有区别,并且不影响显示的清晰度。

4.7 ECDIS 应对各次更新(包括应用于 SENC 的时间)保持记录并在要求时显示记录。该记录应包括每个 ENC 的各次更新,直到其被新的版本取代。

4.8 ECDIS 应允许航海人员显示各次更新以审查其内容并核实其已纳入 SENC。

4.9 ECDIS 应能接受非加密 ENC 和按 IHO 数据保护计划加密的 ENC。

模块 B　操作和功能要求

5. SENC 信息显示

5.1 ECDIS 应能显示所有 SENC 信息。ECDIS 应能接受 ENC 及其更新并将其转换进 SENC。根据 IHO TR3.11,ECDIS 也能接受 ENC 转换至岸上 SENC 而产生的 SENC。这种 ENC 提供方法称为 SENC 交付。

5.2 可在计划航线和监控航线时显示的 SENC 信息应分为以下 3 种类型:基本显示、标准显示和所有其他信息。

5.3 在任何时候,ECDIS 应经操作员的单次操作提供标准显示。

5.4 ECDIS 在关闭或断电后打开时,应恢复至最近手动选择的显示设置。

5.5 应易于增加或消除 ECDIS 显示的信息,应不能消除基本显示中的信息。

5.6 对操作员确定的任何地理位置(例如通过光标选择),ECDIS 应在要求时显示与该位置相关的海图目标的信息。

5.7 应能通过适当的步骤(例如通过海图比例值或海里范围)改变显示比例。

5.8 航海人员应能从 SENC 提供的水深轮廓线中选择安全轮廓线。ECDIS 应在显示的轮廓线中突出安全轮廓线。然而:

(1)如果航海人员不指定安全轮廓线,应默认为 30 m。如果航海人员指定的安全轮廓线或默认 30 m 轮廓线不在显示的 SENC 中,所示安全轮廓线应默认至下一个较深的轮廓线。

(2)如果源数据改变而使在用的安全轮廓线无法使用,安全轮廓线应默认至下一个较深的轮廓线。

(3)在上述每种情况下均应提供指示。

5.9 航海人员应能选择安全水深。每当选择显示任意的测深值时,ECDIS 应突出等于或小于安全水深的测深值。

5.10 ENC 及其所有更新应予以显示,但信息内容不能降级。

5.11 ECDIS 应提供方法确保 ENC 及其所有更新正确地载入 SENC。

5.12 ENC 数据及其更新应与显示的其他信息有明显区别。

6. 比例

6.1 如遇下列情况,ECDIS 应提供指示:

(1)信息显示所用比例比 ENC 内存的大;

(2)ENC 覆盖本船位置所用比例比显示所用比例大。

7. 其他航行信息的显示

7.1 雷达信息和/或 AIS 信息可从符合本组织相关标准的系统传输。其他航行信息可增加到 ECDIS 显示中去,但不应使显示的 SENC 信息降级,并应与 SENC 信息有明显的区别。

7.2 应能通过操作员单次操作消除雷达信息、AIS 信息和其他航行信息。

7.3 ECDIS 和增加的航行信息应合用一个参考系统。如果不是这样,应提供指示。

7.4 雷达

7.4.1 传输的雷达信息可包含雷达图像和/或跟踪目标信息。

7.4.2 如将雷达图像增加到 ECDIS 显示中,海图和雷达图像的比例、投影和方向应匹配。

7.4.3 在天线偏离指挥位置时,雷达图像和位置传感器测得的位置应自动调节。

8. 显示模式和邻近区域的生成

8.1 应一直能以"北点朝上"方向显示 SENC 信息,也允许其他方向。在显示其他方向时,方向应按足够大的步幅改变以避免海图信息不稳定显示。

8.2 ECDIS 应提供真运动模式,也允许其他模式。

8.3 在使用真运动模式时,邻近区域的海图显示应根据航海人员确定的本船与显示边缘的距离自动调整和生成。

8.4 应能手动改变海图显示区域和本船相对于显示边缘的位置。

8.5 如果在 ECDIS 显示覆盖的区域中,有些水域的 ENC 比例不适合导航,则代表这些水域的区域应有指示标记让航海人员参见纸质海图或 RCDS 操作模式。

9. 颜色和符号

9.1 IHO 推荐的颜色和符号应用于表示 SENC 信息。

9.2 除 9.1 所述以外的颜色和符号应符合 IMO 航行信号标准中的适用要求。

9.3 根据 ENC 规定的比例显示的 SENC 信息应使用符号、数字和字母的规定尺寸。

9.4 ECDIS 应允许航海人员选择本船以真比例或作为符号显示。

10. 显示要求

10.1 ECDIS 应能显示用于下列目的的信息：

(1)航线计划和补充的导航任务；

(2)航线监控。

10.2 用于航线监控的海图显示的有效尺寸应至少为 270 mm×270 mm。

10.3 显示应能满足 IHO 关于颜色和分辨率的建议。

10.4 显示方式应确保所显示的信息能使一个以上的观察员在船舶驾驶室正常灯光条件下白天晚上都可看清楚。

10.5 如果消除标准显示中的信息种类以按指定规格显示,对此应有永久标示。应按要求显示从标准显示中消除的种类标识。

11. 航线计划、监控和航程记录

11.1 应能以简单可靠的方法进行航线计划和航线监控。

11.2 ECDIS 在船舶穿过其安全轮廓线和进入禁航区时应发出报警或指示,应始终使用给定区域的 SENC 能够提供的最大比例数据。

11.3 航线计划

11.3.1 应能进行包括直线和曲线的航线计划。

11.3.2 应能用字母、数字和图形调整计划的航线,包括：

(1)对一航线增加航路点；

(2)删除一航线的航路点；

(3)改变航路点的位置。

11.3.3 除了已选择的航线外,还应能计划一条或多条替代航线。所选的航线应能与其他航线明显区分。

11.3.4 如果航海人员计划的航线穿过本船的安全轮廓线,应有指示。

11.3.5 如果航海人员计划的航线与禁航区或有特殊条件的地理区域边界的距离比用户规定的距离近,应有指示。如果航海人员计划的航线离点目标(例如固定或浮动的航标或单独的危险物)比用户规定的距离近,也应有指示。

11.3.6 航海人员应能规定偏离计划航线的交叉航迹极限,并在达到此极限时,自动偏航报警应启动。

11.4 航线监控

11.4.1 就航线监控而言,只要显示覆盖所在区域,所选航线和本船位置就应出现。

11.4.2 在进行航线监控时,应能显示无船舶显示的海区(例如在预测、计划航线时)。

如果在显示航线监控时这样做,自动航线监控功能(例如更新船舶位置、提供报警和指示)应是连续的。应能通过操作员单次操作立即恢复到覆盖本船位置的航线监控显示。

11.4.3 如果本船将在航海人员规定的时间内穿越安全轮廓线,ECDIS 应发出报警。

11.4.4 如果本船将在航海人员规定的时间内穿越禁航区或有特殊条件的地理区域的边界,ECDIS 应根据航海人员的选择发出报警或指示。

11.4.5 在偏离计划航线的交叉航迹超过规定极限时,应发出报警。

11.4.6 如果本船按航海人员规定的时间或距离继续其当前航向和航速,与危险物(例如障碍物、残骸、岩石)的距离就会比用户规定的距离近,而该危险物比航海人员的安全轮廓线或航标浅,则应向航海人员发出指示。

11.4.7 应从精度符合安全航行要求的连续定位系统得出船舶位置。只要有可能,应提供第二个独立的且最好是不同类型的定位来源。在这种情况下,ECDIS 应能辨别两个系统之间的差异。

11.4.8 当来自船位,首向或航速源的输入丢失时,ECDIS 应报警。ECDIS 还应重复(但只作为指示)从船位、舵向或航速源传来的任何报警或指示。

11.4.9 当船舶在计划航线的临界点之前到达航海人员规定的时间或距离时,ECDIS 应报警。

11.4.10 定位系统和 SENC 应采用相同的大地测量基准。如不是这样,ECDIS 应报警。

11.4.11 应能显示除所选航线以外的替代航线。所选航线应能与其他航线有明显区分。在航行时,航海人员应能修改所选航线或改变替代航线。

11.4.12 应能显示:

(1)船舶航迹的时间标记(根据需要手动显示和按选定的 1 min 和 120 min 之间的间隔时间自动显示);

(2)足够数量的点、自由移动的电子方位线,可变和固定的距离标志以及用于航行目的的其他符号。

11.4.13 应能登录任何位置的地理坐标并根据需要显示该位置。还应能选择显示中的任何点(特征,符号或位置),并根据需要读出其地理坐标。

11.4.14 应有可能手动调节显示的船舶地理位置。此种手动调节应在屏幕上用字母、数字注明并保持到航海人员将其变更和自动记录后。

11.4.15

(1)ECDIS 应有能力登录和标绘手动获得的方位和距离位置线(LOP),并计算本船的合成位置。应有可能使用合成位置作为推算船位的原点。

11.4.15

(2)ECDIS 应指出连续定位系统获得的位置和手动观测获得的位置之间的差异。

11.5 航程记录

11.5.1 ECDIS 应储存并能再生重构航行所需的某些最小要素,并验证过去 12 小时所使用的正式的数据库。下列数据应以 1 分钟间隔时间加以记录,以:

(1)确保记录本船经过的航迹:时间、船位、舵向和航速;

(2)确保记录使用过的正式数据:ENC 信息源、版本、日期、单元和更新史。

11.5.2 另外,ECDIS 应对全航程有完整的航迹记录,并有不超过 4 小时间隔的时间标记。

11.5.3 应不可能篡改或改变已记录的信息。

11.5.4 ECDIS 应有能力保存前 12 小时的记录以及航程航迹的记录。

12. 计算和精度

12.1 ECDIS 所有计算的精度应不受输出装置特性的影响,并应与 SENC 精度一致。

12.2 显示中所绘的方位和距离或显示中已绘有的图项之间测得的方位和距离的精度应不低于显示分辨率的精度。

12.3 该系统应能进行并显示至少下列计算的结果：

(1) 两个地理位置之间的真距离和方位；

(2) 相对于已知位置的地理位置和距离/方位；

(3) 大地测量计算,例如球体距离、恒向线和大圆。

13. 性能试验、故障报警和指示

13.1 ECDIS 应备有自动或手动进行主要功能的船上试验方法。如发生故障,试验应显示信息以指出发生故障的模块。

13.2 ECDIS 在系统发生故障时应有适当的报警或指示。

14. 后备布置

应有足够的后备布置以保证在 ECDIS 发生故障的情况下安全航行。

(1) 应有安全取代 ECDIS 功能的设施以确保 ECDIS 故障不会发展成危急情况。

(2) 后备布置应在 ECDIS 发生故障的情况下为航程剩余部分提供安全航行手段。

模块 C　接合和集成

15. 与其他设备连接

15.1 ECDIS 应不降低任何传感输入设备的性能,也不应由于连接选用设备而使 ECDIS 的性能低于本标准。

15.2 ECDIS 应连至船舶定位系统、电罗经及航速和距离测量装置。对未设有电罗经的船舶,ECDIS 应连至船用传送艏向装置。

15.3 ECDIS 可向外部设备提供 SENC 信息。

16. 电源

16.1 在由符合经修正的 1974 年《SOLAS 公约》第 Ⅱ-1 章有关要求的应急电源供电时,应能操作 ECDIS 及其正常功能所必需的所有设备。

16.2 从一电源改换成另一电源或不超过 45 s 的断电不需要手动重新启动设备。

参 考 文 献

[1] 王世林.电子海图显示与信息系统使用指南[M].大连:大连海事大学出版社,2002.

[2] 陈强,李士国.电子海图显示与信息系统(ECDIS)的正确使用[J].中外交流,2018
    (12):104.

[3] 谢步新.电子海图显示与信息系统(ECDIS)培训和应用探讨[J].珠江水运,2014(12):
    48-49.

[4] 国际海事组织.电子海图显示与信息系统(ECDIS)的操作使用:中英对照[M].中华人
    民共和国海事局,译.大连:大连海事大学出版社,2015.

[5] 袁松才.电子海图显示与信息系统(ECDIS)实训教程[M].北京:电子工业出版
    社,2018.